Nouvelle Collection illustrée — L'ouvrage complet **95** centimes

GYP

Une Passionnette

Calmann-Lévy, Éditeurs

UNE PASSIONNETTE

Paris. — Imp. L. Pochy, 52, rue du Château. — 23-12.

GYP

Une Passionnette

ILLUSTRATIONS

DE

ÉDOUARD BERNARD

PARIS

CALMANN-LÉVY, ÉDITEURS

3, RUE AUBER, 3

I

Madame de Gueldre entra dans le salon d'un air indifférent et un peu las. Mais quand elle vit que c'était Bernard de Mons qui était là, sa physionomie changea. La main tendue, le sourire gai, elle s'avança dans la grande pièce, d'une allure rapide et glissante, qui faisait zigzaguer joyeusement la longue traîne de sa robe blanche.

— Ah! c'est gentil à vous d'être enfin venu me voir!... Asseyez-vous!... Pas là... On est très mal!...

Elle s'installa dans une immense bergère basse et profonde, où elle disparut à moitié, perdue dans les coussins de soies anciennes, et qui sentaient l'iris. Puis, comme M. de Mons, qui venait de s'asseoir en face d'elle, la regardait sans rien dire, elle reprit :

— Au fait!... Je ne sais pas pourquoi je vous remercie de votre visite... car ce n'est pas moi que vous veniez voir?...

— Mais si...

— Mais non!... c'est mon mari... Le domestique m'a dit : « Un grand monsieur très beau que je ne connais pas, et qui a d'abord demandé à voir monsieur le marquis... »

— Très beau?... Il me comble, votre domestique!... Comme il ne m'a pas demandé mon nom, je...

— Il n'est pas encore dressé... C'est le fils d'un garde qu'Henry a fait venir de la campagne...

— Et, dites-moi... une chose m'intéresse?... Quand on vous a dit : « un monsieur très beau... » vous avez deviné que c'était moi?...

— Pas du tout!...

— Ah!... à la bonne heure!... je me disais aussi...

— Non, et j'arrivais même de très mauvaise humeur !...

— On vous a dérangée?... Vous étiez à peindre, je parie?...

— Naturellement, puisque je ne fais guère que ça!... Mais ça ne me dérange jamais de vous recevoir... ça me fait plaisir !...

— Vous me le dites parce que vous êtes très gentille et que...

— Allons donc!... Je vous le dis parce que c'est vrai, et voilà!... D'ailleurs, en admettant que vous me dérangiez, que vous me dérangiez énormément... eh bien, vous ne me dérangez pas souvent... car vous ne m'accablez pas de visites...

— Mon Dieu, je...

— Oh! je trouve ça tout simple!... Alors, vous vouliez voir Henry?... Avez-vous quelque chose à lui dire?...

— Je voulais surtout vous voir...

— Ah bah !...

— Vous dire adieu... Je vais à la campagne, et il est probable que vous aussi...

— Oui... nous partons mardi pour Kildare... Mais, dites-moi... pourquoi avez-vous éprouvé le besoin de venir me dire adieu en partant, puisque, en arrivant, vous n'êtes pas venu me dire bonjour?...

— Oh!... croyez-vous?...

— J'en suis sûre!... Aujourd'hui, pour la première fois de l'année, vous venez me voir... ou plutôt voir mon mari... A propos, vous ne m'avez toujours pas dit ce que vous lui vouliez, à Henry ?...

— Je veux lui parler au sujet d'un chien... Je suis venu trois fois sans le trouver... il n'est donc jamais chez lui?...

— Si, quelquefois!... il faut bien qu'il ait un endroit pour grogner!... Qu'est-ce que c'est que ce chien?...

— Un chien de chasse... un grand griffon que je prendrais bien et qu'il veut donner...

— C'est fait !... il l'a envoyé hier en Bretagne...

— A qui?...

— A monsieur de Guibray...

— Tiens!... vous connaissez Guibray?

— Un peu... Il passe toujours une partie de l'année chez son oncle de Jardane...

— Je ne vous avais jamais entendue parler de lui?...

— Dame !... C'est que je n'ai pas pensé à lui jusqu'à présent!... il est même probable que je n'y aurais jamais pensé si on ne lui avait pas envoyé le chien !...

— Qu'est-ce que vous allez faire là-bas, pour vous amuser ?...

— Mais je vais peindre, monter à cheval...

— Et la chasse?...

Comme elle ne répondait pas, il continua avec une intonation rageuse :

— La chasse... avec des jolis voisins et des jolis costumes?...

— J'ai la chasse en horreur.

— MAIS JE VAIS PEINDRE...

— Vous faites ça aussi à Paris?...

— Et puis canoter, nager...

Et, voyant que M. de Mons la regardait interrogativement, elle ajouta :

— Un point, c'est tout !

— Même à courre?...

— Surtout à courre...

— Il y a encore un autre divertissement que vous oubliez?...

— Lequel ?...

— Les bals d'été!... Vous êtes une merveilleuse valseuse... et vous adorez la valse...

— Je l'adorais, vous voulez dire?... car il y a longtemps que je ne valse plus !...

— Un vœu?...

— Non... tout bonnement parce que je suis trop vieille!...

Il haussa les épaules et demanda :

— Tout le temps, c'est peut-être beaucoup!... mais enfin, il y a tant de désœuvrés... et d'imbéciles !...

— Et ça vous fait plaisir ?...

— Quoi?...

— Qu'on vous fasse la cour ?...

— Ma foi, non... sincèrement non!...

— Quelle drôle de femme vous êtes !...

— Pourquoi ça?... Ça ne fait guère plaisir qu'aux femmes très laides, ces

M. DE MONS DEVINT ATTENTIF.

— C'est un compliment que vous voulez ?...

— Oh!... non!... J'en ai assez, des compliments !...

M. de Mons devint attentif.

— Ah!... On vous en assassine, n'est-ce pas?... On vous fait la cour tout le temps, je parie?...

Elle se mit à rire :

choses-là... parce que ça les rassure... Croyez-vous donc que ça soit si amusant ?... Moi, l'idée d'entendre ce qu'on appelle « une déclaration »... rien que l'idée, me cause un agacement sans pareil... Pourquoi riez-vous?...

— Parce que je ne crois pas un mot de ce que vous dites...

— Vous avez tort... je ne mens jamais!... Comprenez-moi!... Quand on a affaire à un « séducteur » de profession, ça crispe et ça blesse... Si, au contraire, on voit un homme ému, vraiment sincère, eh bien, on regrette — moi, du moins — de l'attrister, de lui paraître coquette ou mauvaise... Et si vous saviez comme on la voit arriver, « la déclaration »!... comme on la devine, comme on la flaire... à l'attitude, au regard, au son de la voix, à tout et à rien!... Et on se dit que tout à l'heure, celui qui est là, ami dévoué, ou relation agréable, sera malheureux ou ennemi... C'est charmant!

— Permettez?... On se dit ça si on a l'intention d'envoyer promener le monsieur, car si c'est le contraire...

— Je ne sais pas ce qui se passe quand c'est « le contraire »...

— Ah!...

Il reprit après un silence :

— C'est très curieux!... je vous crois!...

— Merci!... — dit-elle en riant.

— C'est égal!... Je voudrais bien savoir comment il faut être pour vous plaire?...

— Il faut probablement ne pas ressembler à ceux qui ont essayé...

— Est-ce que je leur ressemble?.....

— Vous?... pourquoi?...

— Répondez toujours?...

— Que je réponde à quoi?...

— A ma question...

— Mais je ne la comprends pas bien, votre question?...

— Je vais préciser...

— J'aime mieux ça!...

— Eh bien, supposons... que... que moi, je vous aime... et que je vous le dise?... Qu'est-ce que vous répondez?...

— Pourquoi supposer ça?...

— Ne m'interrompez pas!... Regardez-moi bien... et répondez?...

— Quel drôle de jeu!... Eh bien, je vous regarde... et je réponds : « Monsieur de Mons, je vous trouve très beau... »

— Comme le domestique!...

Madame de Gueldre se mit à rire :

— Je vous ferai observer que, cette fois, c'est vous qui interrompez...

— J'écoute!...

— Je reprends... « Je vous trouve très beau... Vous avez infiniment d'esprit, et vous auriez peut-être même au besoin du cœur... »

— Brrr!... « au besoin » me fait froid!...

— Vous êtes plus... « cultivé » que la plupart de ceux que, comme vous, les journaux appellent : *nos élégants mondains*... Vous montez très bien à cheval... vous êtes musicien... vous tirez à merveille... vous patinez comme un Suédois et vous nagez comme un requin... Vous êtes très grand, très élégant, très « réussi »... Enfin, vous avez, à mon avis, tout ce qu'il faut pour tourner la tête, à...

M. de Mons s'était levé. Il se pencha, interrogeant :

— A?...

— A une autre que moi!...

Et, ne remarquant rien, la marquise continua tranquillement :

— J'ai été bien gentille, bien patiente... mais vous allez me dire à présent pourquoi vous m'avez forcée à vous faire des compliments... Oh! très sincères d'ailleurs!... Est-ce que vous vous mariez?...

— Me marier?... le ciel m'en préserve!... Mais qu'est-ce que je vous ai fait pour que vous vouliez me marier?....

— Mais je ne *veux* pas du tout!... Je suis l'ennemie déclarée du mariage... pour les hommes s'entend... puisqu'en France, les femmes sont obligées d'en passer par là!... Non... je vous faisais cette question, uniquement pour m'expliquer la vôtre...

— Vous désirez vous l'expliquer ?...

— Mais, dame !...

— C'est vous qui le voulez ?... Voici l'explication demandée : Vous m'avez reproché tout à l'heure de n'être pas venu vous voir souvent ?... Eh bien, je ne suis pas venu, parce que j'évitais de vous rencontrer... parce que j'évitais surtout de me trouver seul avec vous...

La marquise regarda M. de Mons d'un air effaré, et s'écria d'un ton à la fois comique et inquiet :

— Patatras !... la voilà !...

— Qui?...

— La déclaration !... Faut-il que je sois bête!... Et moi qui, tout à l'heure, affirmais que je la flairais... que je la sentais venir ?... Ah! bien, pour ça, vous ne ressemblez pas aux autres, vous!... Vous ne procédez pas du tout de la même façon !...

— Qu'importe!... puisque ma façon de procéder ne réussit pas davantage !... Et à présent... je m'en vais!... C'est ce que j'ai de mieux à faire !...

Il se leva, et s'arrêtant devant la marquise, il lui dit d'une voix toute changée :

— Mais avant, laissez-moi l'achever, l'inévitable déclaration?... Laissez-moi être aussi complètement ridicule que mes prédécesseurs?... Permettez-moi de vous dire... — soyez tranquille, je ne recommencerai plus!... — que je vous aime passionnément et tendrement... que, bien que vous ne vouliez pas de moi, je suis à vous quand même... et que, quoi qu'il arrive, vous n'aurez jamais de meilleur ami que moi...

Il s'inclinait, prêt à se retirer. Madame de Gueldre, très troublée, le retint :

— Et vous croyez que je vais vous laisser partir comme ça... sans vous dire, moi aussi, ce que j'ai à vous dire?...

— Quoi?...

— Que je suis profondément touchée... et reconnaissante de... de votre affection... et très chagrine de ce qui arrive... sans que j'aie rien fait pour ça, n'est-il pas vrai?...

— Rien!... C'est moi qui me suis emballé comme un fou!...

— Vous avez si peu l'air de quelqu'un à s'emballer?...

— Et je me suis emballé pourtant!... et du plus terrible de tous les emballements, l'emballement raisonné, réfléchi...

— Mais nous nous connaissons depuis quinze ans!...

— Qu'est-ce que ça fait?... Nous nous connaissions, mais je ne vous connaissais pas!... Quand Henry s'est marié, il vous a présenté ses amis... moi dans le tas, avec les autres... Je n'ai pas fait attention à vous... et vous n'avez pas fait attention à moi...

— Si!... Ça vous étonne, mais c'est comme ça!... Je vous ai trouvé beaucoup mieux que le reste « du tas » — comme vous dites...

— Mieux... en quoi?...

— En tout !... physiquement d'abord, parce que vous êtes immense, et que je trouve qu'on n'est jamais assez grand!... Et puis, vous n'étiez pas coulé dans le même moule que les autres!... Vous étiez élégant sans être ridicule... spirituel sans être impertinent... et instruit sans être ennuyeux !...

— Eh bien, moi, je n'avais pas daigné vous accorder la plus petite attention... J'étais encore très jeune et toqué de quelque demoiselle... de trente-cinq ans probablement?...

— Hum !...

— Pourquoi dites-vous « Hum »?...

— Parce que, comme il y a de ça quinze ans... et que j'étais mariée... vous ferez bien de ne pas trop « bêcher » les femmes qui ont passé la trentaine...

— Bast!... Vous avez l'air d'avoir vingt-cinq ans, vous!... Mais, dans ce temps-là, on vous en aurait donné quatorze!... Certainement, vous aviez comme aujourd'hui vos belles dents et vos jolis yeux... Vous étiez fraîche comme une fleur, et pas trop maigre, ma foi !... Mais il y avait, dans votre petite personne, quelque chose de gringalet, de gamin, de drôlet, qui éloignait toute idée de flirt... Et puis, vous étiez si naïvement ingénue!... si peu disposée à vous apercevoir de...

— De quoi?...

— Eh bien, par exemple, Juvisy m'a raconté qu'un soir, en break, à un retour de chasse... quand il y avait au moins deux ans que vous étiez mariée...

— Alors, j'avais vingt ans !...

— Oui... il a profité de l'obscurité pour... pour s'approcher de vous le plus qu'il a pu, enfin !... Et vous ne vous êtes rendu compte de rien... mais tout à coup vous avez crié : « C'est singulier ! il me semble que nous sommes bien plus serrés dans le break que ce matin !... »

La marquise éclata de rire.

— C'est vrai... je me rappelle ça !... Oui, j'étais bête!... J'étais en retard pour tout... et je ne crois pas que je rattrape jamais le temps perdu !...

— Plus tard, vous vous êtes transformée... lentement... comme un petit papillon qui sort très difficilement de sa chrysalide... Et le moral a changé, lui aussi... Vous êtes devenue rieuse, blagueuse, bon garçon... Et, à mesure que vous riiez et que vous blaguiez davantage, il me semblait que vous étiez moins vraiment gaie au fond?...

— Ça prouve que vous me connaissiez déjà bien?...

— Je vous connaissais déjà... mais je ne vous aimais pas encore...

— Depuis quand m'aimez-vous... puisqu'il est convenu que vous m'aimez ?...

— Depuis un an... Vous souvenez-vous qu'un soir nous sommes allés à l'exposition avec Henry, les Garde et les Montreu?...

— Oui... Eh bien ?...

— Eh bien, il y avait, dans un coin quelconque, un vieil Italien qui chantait, en jouant de la guitare, une espèce de chanson napolitaine...

— *Santa Lucia?...*

— Parfaitement !... Moi j'avais trouvé ça inepte!... Il est vrai que je ne comprenais pas un mot !...

— Oui!... Mais pourquoi, est-ce parce qu'il y avait un vieil Italien qui chantait dans un coin quelque chose d'inepte, que vous m'aimez?...

— Ce n'est pas pour ça que je vous aime... mais c'est à cause de ça que j'ai compris que je vous aimais?...

— Comment?...

— En sortant de l'exposition, nous avons été respirer dans votre jardin... et nous y sommes restés à fumer et à prendre des glaces jusqu'à deux heures du matin...

— Oui... eh bien?...

— Vous avez pris une guitare, et vous vous êtes mise, vous aussi, à chanter *Santa Lucia*... en blaguant d'abord... et puis sérieusement ensuite... Et j'ai trouvé ça, non plus inepte, mais délicieux!...

— Moi, je trouve ça ridicule !...

— Je vous vois encore assise sur les marches du perron... éclairée par...

— La lune ?...

— Non... par la grande lampe à abat-jour rose... Vous étiez si blanche, si étrange... vous aviez l'air...

— D'un pauvre qui chante dans les cours?...

— D'une ravissante petite Gipsy!... Et puis, cette voix chaude que je ne connaissais pas!... Je ne vous avais jamais entendue chanter, moi !...

— Dame!... C'est que, ordinairement,

UN VIEIL ITALIEN QUI CHANTAIT...

je ne chante que quand je suis seule!... je ne sais pas ce qui m'aura pris ce soir-là !...

— Eh bien, c'est ce soir-là que j'ai vu ce qui se passait dans mon vieux bête de cœur!... Vingt fois depuis j'ai voulu vous parler... vingt fois, je me suis raisonné pour me prouver que je n'étais qu'un imbécile, et que le seul parti à prendre

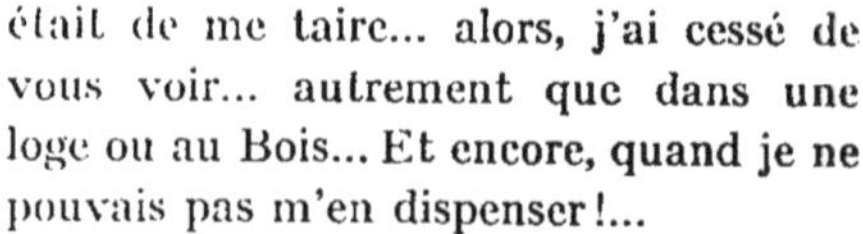

était de me taire... alors, j'ai cessé de vous voir... autrement que dans une loge ou au Bois... Et encore, quand je ne pouvais pas m'en dispenser!...

— Pourquoi ne m'avez-vous pas dit tout ça plus tôt... puisque vous deviez me le dire aujourd'hui?...

— Mais je ne « devais » pas du tout!... C'est parce que je vous ai trouvée seule...

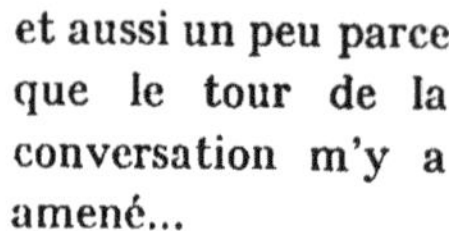

et aussi un peu parce que le tour de la conversation m'y a amené...

— Alors, vous vous doutiez que... que...

— Que ça ne prendrait pas !... Oui !... Vous êtes une femme remarquable, vous !

Madame de Gueldre eut un geste d'impatience :

— Oh !... dites-moi tout ce que vous voudrez, mais pas ça !... Rien ne m'horripile comme ce qualificatif !...

— Cependant il est vrai, le qualificatif !... Vous êtes une femme remarquable...

— Mais en quoi, sapristi!... Parce que je peins ?... Ah !... si vous saviez combien je le regrette quelquefois!... Ce qu'on m'a « rasée » avec ma peinture!...

— Vous direz tout ce que vous voudrez, vous êtes une femme re...

Elle l'interrompit :

— ...marquée... et je ne sais, certes, pas pourquoi!... Mais pas remarquable du tout !...

Et elle ajouta, avec une intonation drôlement suppliante :

— Pas remarquable, je vous en prie?... C'est si grotesque !...

— Ce qui est certain, c'est que, telle que vous êtes, vous m'avez complètement affolé!... J'aime votre voix, votre taille si souple, vos petits pieds et vos grands yeux rieurs... J'aime votre nom...

— Vous n'êtes pas difficile !... Auréliane!... C'est un nom « rare »... mais affreux !...

— Eh ! je ne sais pas si vous vous appelez Auréliane, moi !... Je ne vous connais qu'un seul nom... celui que tout le monde vous donne...

— Liane?...

— Oui, Liane !... Et si vous saviez comme il vous va bien, ce nom-là !...

— Je suis cependant un peu vieille pour qu'on persiste à faire joujou avec mon nom...

— Vieille?... Encore!... Mais je vous l'ai dit tout à l'heure... vous avez vingt-cinq ans !...

— De très loin... à la lumière... et avec un voile!... Dites-moi, savez-vous qu'il y a terriblement de femmes qui seraient heureuses d'être à ma place?...

— Je le sais bien!... Ça a l'air sot, ce que je vous dis là... mais je hais la fausse modestie !... Oui... il y a beaucoup de femmes qui seraient, non pas heureuses, mais flattées d'être à votre place... car on sait que si je gaspille volontiers mon temps, ma santé et mon argent, il n'en est pas de même de mon cœur... J'ai donné souvent, très souvent le reste... mais lui, jamais !...

— Alors, en voyant mon refus d'accepter ce cœur... vous devez être très étonné?...

— Pas du tout... puisque je m'y attendais !...

— Mais pourquoi vous y attendiez-vous ?...

— Oh !... tout simplement parce que je me doutais que le... comment dirai-je?... l'instant psychologique n'est pas encore venu !...

Elle dit en riant :

— Vous êtes un impertinent !...

— Ah çà ! pensez-vous donc que cet instant-là ne viendra pas pour vous ?... Croyez-moi, allez !... vous aurez, tout comme une autre, votre petite passionnette...

Devenue presque sérieuse, la marquise répondit :

— Je ne le crois pas !... Quand je me suis mariée, je n'avais pas dix-huit ans... et j'étais innocente jusqu'à la bêtise !... Un an après mon mariage, mon mari s'affichait carrément, d'abord avec des filles, ensuite avec des femmes qu'il avait soin de choisir parmi mes amies...

— Mon Dieu... Henry ne...

— Pourquoi le défendre?... Je ne lui en veux pas !... Au commencement, mon premier mouvement a été de crier, c'est vrai !... et j'ai suivi ce premier mouvement... C'était idiot !... Plus tard, en regardant autour de moi, j'ai réfléchi... Je me suis dit que pareille chose arrivait à des femmes infiniment plus jolies que moi, et que je n'avais pas à m'en formaliser...

— Plus jolies... c'est possible... et encore !... mais votre esprit, votre...

— Oh !... vous savez... les femmes qu'on aime pour les beautés de leur âme, je n'y crois pas beaucoup, moi !... Enfin, de cet... accident qui m'arrivait, j'ai pris mon parti en brave... mais, comme je n'admets pas que la femme donne obéissance et fidélité en échange de tyrannie et de tromperie, je me suis reprise, et, à partir de ce jour, considérée comme libre... absolument libre de disposer de mon cœur... et de ma personne...

— Ah !... Eh bien ?...

— Eh bien, quoique mes allures aient pu faire croire, jamais l'idée ne m'est venue de faire usage de cette liberté... jamais... bien que j'aie été souvent touchée et flattée des affections ou des hommages qui s'offraient à moi !... Que voulez-vous, je n'ai pas su vibrer à l'unisson !... Notez que si j'excuse la passion, la galanterie me fait horreur, et que sans amour je...

— Vous voyez bien !... Vous excusez la passion !... C'est déjà un acheminement vers...

— Vers quoi ?... Depuis quinze ans que je l'attends, cette passion, je pense qu'elle serait venue ?... Ce n'est pas à mon âge que...

— Erreur !... Elle viendra... et peut-être étrangement banale !... Sans que vous sachiez pourquoi, ni comment, vous vous éprendrez du premier venu, qui, probablement, ne sera capable ni de vous comprendre, ni même de vous aimer...

— Merci de vos prédictions, elles sont gaies !...

— C'est vrai, je suis un butor... je vous demande pardon !... C'est que, voyez-vous, je serais si profondément malheureux de vous voir souffrir... et vous souffririez tant, avec une nature comme la vôtre !... Allons !... je m'en vais, car je dirais encore des sottises !... Passez un bon été !... Amusez-vous !... Évitez les accidents !... Vous êtes tellement imprudente à cheval... en voiture... en bateau... partout !...

Madame de Gueldre sourit :

— Vous ne me conseillez pas d'éviter, en fait d'accident, ce que vous appelez *la passionnette ?...*

— Non !... Elle est inévitable... si c'est son heure :...

— Vous êtes fataliste ?...

— Oui... et vous aussi !... Au revoir !... Amitiés à Henry !...

— Qu'est-ce qu'il faut lui dire pour le chien ?...

— Rien, puisqu'il l'a donné à Guibray...

La marquise se leva et tendit sa main à M. de Mons, qui la serra sans la baiser. Elle voyait qu'il était très ému, en dépit de son apparente indifférence. Au moment de sortir, il s'arrêta et revint en hésitant vers elle :

— Donnez-moi la petite fleur qui est là... voulez-vous ?... C'est bête, mais ça me fera plaisir !... — dit-il d'une voix un peu rauque, en désignant l'ouverture du corsage, où une petite fleur sans nom, presque sans couleur, une pauvre fleur, cueillie dans la pelouse du jardin, s'inclinait, effleurant de sa petite tête flétrie la peau fine et ambrée de madame de Gueldre.

Elle détacha la fleur et la lui donna. Il la prit et sortit en répétant machinalement :

— Au revoir !... Amitiés à Henry !...

Dès qu'elle fut seule, la marquise alla appuyer son front contre les carreaux de la grande baie et regarda M. de Mons qui traversait la cour. Elle avait dit vrai, en affirmant qu'il était très beau. Oui, très beau !... Non pas de ces beautés chétives et compliquées, très « demandées » en ce temps de psychologues et de névrosés, mais beau d'une beauté robuste et saine. Svelte avec des épaules larges, des bras forts et des hanches minces. Peut-être un peu trop grand, mais si bien proportionné, si souple dans ses mouvements, qu'il semblait, au premier abord, d'une taille moyenne. Et ce long corps était posé sur des pieds fins et élégants. Ces longs bras se terminaient par des mains petites et sèches, aux ongles durs et opalés ; des mains adroites et vigoureuses, aussi bien faites pour la lutte que pour les caresses; de véritables mains de race. Avec ses longues moustaches blondes, d'un blond d'argent, fines, ébouriffées, « voltigeantes » comme des cheveux de bébé ; son teint clair, un peu hâlé par le grand air, et son large sourire, découvrant des dents éblouissantes, M. de Mons faisait encore l'effet d'un jeune homme, et personne n'eût songé à lui donner les quarante-trois ans que lui-même avouait volontiers à propos [de rien.

Quand la grille fut refermée derrière lui, madame de Gueldre resta immobile. Elle pensait qu'elle eût voulu l'aimer, comme elle était aimée de lui, tandis qu'elle n'éprouvait pour cet ami de quinze ans qu'une affection tranquille et confiante. Et elle se sentait très fière qu'un homme comme Bernard de Mons l'aimât! Et chagrine aussi de se dire qu'elle l'avait attristé, car elle ne doutait pas de la sincérité de son amour. Sans avoir jamais aimé elle-même, elle devinait qu'on devait beaucoup souffrir. Elle l'avait bien vu d'ailleurs, qu'il souffrait, quand il était parti tout à l'heure, emportant la petite fleur détachée de sa robe. Maintenant, elle regrettait de l'avoir laissé partir!... Pourquoi ne pas accepter cette affection qui s'offrait à elle?... Pourquoi ne pas essayer, elle aussi, d'être heureuse ?... Qui sait ?... Elle aurait peut-être aimé Bernard ?... Allait-elle donc se faner et vieillir sans avoir jamais eu de jeunesse ni de bonheur ?...

Certes, l'idée de manquer à « ses devoirs » ne l'effarouchait pas! N'admettant pas l'inégalité dans la trahison, elle se trouvait pleinement autorisée, par la conduite de M. de Gueldre, à faire ce que bon lui semblait. Elle tromperait sans aucun scrupule ce mari qui n'avait même pas su la tromper en homme bien élevé.

ELLE DÉTACHA LA FLEUR...

Pas du tout dévote, mais très profondément croyante, elle se représentait un Dieu bon et miséricordieux, qui devait pardonner à ses créatures toutes les faiblesses qui ne nuisent à personne. Et elle était très convaincue qu'en trompant son mari elle ne lui nuirait en rien. Ne lui avait-on pas donné pour amants tous les hommes qui lui avaient fait la cour ?... Et n'était-elle pas seule à savoir la vérité ? Pour la première fois aujourd'hui elle se sentait, à la suite d'une « déclaration », pensive et préoccupée. Pour la première fois, elle envisageait sans dégoût l'idée de la faute, mais sans dégoût seulement.

Quelquefois, en songeant que peut-être elle aussi ferait ce qu'elle voyait faire à la plupart des femmes, elle s'était juré qu'elle éviterait deux choses qu'elle considérait comme des infamies : être la maîtresse d'un homme marié, ou se donner sans amour. N'étant ni désœuvrée, ni curieuse, elle s'était gardée intacte de corps et de cœur.

Elle était sûre que jamais non plus elle n'avait, par une coquetterie, encouragé des sentiments qu'elle ne partageait pas. Quand les hommes qu'elle rencontrait dans le monde devenaient amoureux d'elle et le lui disaient, elle savait d'un mot leur faire comprendre qu'ils perdaient leur temps, mais sans s'indigner, ni prendre des airs outragés. Et elle était sincère en affirmant tout à l'heure à M. de Mons qu'elle détestait « les déclarations ». Foncièrement bonne et profondément tendre, en dépit d'une apparente brusquerie, la marquise ne pouvait voir souffrir ni un être humain, ni une bête, ni même une fleur. Et quoiqu'elle ne prît pas très au sérieux le chagrin des amoureux éconduits, il lui était pénible de causer ce prétendu chagrin. En cet instant elle se souvenait, en se moquant d'elle-même, qu'un jour, un joyeux garçon qu'elle venait de... décourager, s'étant mis à pleurer comme un veau, elle s'était sauvée pour ne pas pleurer aussi.

L'attitude affectueuse et triste de Bernard l'avait émue et troublée. Et puis, elle sentait qu'elle perdait son meilleur ami... ou, sinon l'ami, du moins les relations amicales. Quelque chose à présent serait entre eux qui les gênerait. Ils auraient beau faire, « ça ne serait plus ça ! »

La voix de son mari la tira de sa rêverie.

— Je viens de rencontrer Bernard qui sort d'ici !... Je voulais le ramener dîner, il n'a pas voulu!... Il était comme un crin !... Nous allons ce soir aux Ambassadeurs avec les Montreu et Juvisy... Ça vous va-t-il, Liane ?...

Elle répondit distraitement :

— Ça me va parfaitement!...

M. de Gueldre demanda :

— Vous n'êtes pas souffrante ?...

— Mais non !... Pourquoi ?...

— Parce que je vous trouve pâlotte...

Elle le regarda, surprise et presque touchée qu'il s'occupât d'elle.

Elle aimait bien, en ami, ce grand gas breton insouciant et léger. Elle se disait que probablement elle n'avait pas « su le prendre », et elle ne rejetait pas sur lui tout le poids du malentendu qui existait entre eux. Parce que son ménage était sans amour, elle ne considérait pas sa vie comme un martyre, ni son mari comme un misérable. Elle trouvait, au contraire, que sa vie, son ménage et son mari ressemblaient fort aux autres vies, aux autres ménages et aux autres maris qu'elle voyait autour d'elle, et elle n'en voulait nullement à la Providence de ne lui avoir pas ménagé une existence de choix ! Elle n'avait pas, en somme, à se plaindre de son lot. Si elle ignorait les joies excessives, elle ignorait aussi les grandes douleurs. Son seul vrai chagrin avait été la mort d'un enfant de quelques semaines ; et tout en ressentant, dans le premier moment, un terrible déchirement, elle avait remercié Dieu d'enlever de la terre cette toute petite créature sans lui laisser le temps de souffrir. Malgré son joyeux rire et son inaltérable bonne humeur, madame de Gueldre ne voyait pas très en beau les gens et les choses, et elle était heureuse de n'avoir pas, pour sa part, augmenté le nombre de ceux destinés à souffrir. Persuadée

— VOUS N'ÊTES PAS SOUFFRANTE ?...

que les grossiers et les méchants édifient leur bonheur au détriment des délicats et des bons : persuadée, comme toutes les mères, que son fils eût été la perfection, elle voyait se dresser devant lui un avenir menaçant et douloureux. Et ce fut l'âme brisée, mais les yeux sans larmes, qu'elle ensevelit sous une jonchée de fleurs le petit être rose, plissotté et ridicule, qu'elle adorait déjà follement dans sa laideur.

— Vous savez, Liane, si ça ne vous amusait pas d'aller aux Ambassadeurs — proposa le marquis — j'irais seul ?... Elle comprit qu'il préférait qu'elle ne vînt pas, et elle répondit, ravie de rester dans le jardin par cette belle soirée :

— Eh bien... allez-y seul, j'aime autant ça !... Je suis un peu fatiguée !...

II

A la campagne, comme à Paris, monsieur et madame de Gueldre vivaient fort séparés. Souvent absent et toujours sorti, le marquis, pour ne pas passer la journée chez lui, allait, quand il avait épuisé la série des châteaux, n'importe où, à Auray, ou même à Vannes ! Elle, au contraire, ne sortait que pour se promener à cheval ou en mer. Elle aimait l'exercice et le mouvement, mais elle avait l'horreur des déplacements et des visites. Elle recevait souvent, mais très peu de monde, et n'allait que chez quelques amis. Presque toujours de une heure à cinq heures, on était sûr de la

AUX AMBASSADEURS...

trouver peignant ou travaillant à des broderies étranges.

On n'invitait à demeure, à Kildare, que des amis très intimes. On mettait à leur disposition les chevaux, les bateaux et le gibier, mais chacun vivait à sa guise, et les Gueldre ne se croyaient pas du tout obligés de s'atteler à leurs hôtes et de les ennuyer prodigieusement en s'ennuyant prodigieusement eux-mêmes, ainsi que font habituellement les gens réputés « de charmants maîtres de maison ».

Cette année, il y avait à Kildare : M. Faucher, un vieux garçon grinchu, spirituel, insupportable et amusant, sorte de mélange bizarre de gavroche et d'érudit : madame de Chavannes, son fils et sa fille, d'aimables gens, sans pose, et Jacques de Boufflers, un cousin de la marquise, drôle, étourdi, tapageur, ahurissant et délicieux. Les voisins qu'on rencontrait le plus souvent étaient : M. de Jardane et son neveu le vicomte Jean de Guibray, qui habitaient le château des Aulnes, à deux kilomètres de Kildare : les Montreu, un jeune ménage très chic et infiniment ennuyeux ; la baronne de Lassigny, charmante femme de cinquante ans, encore belle et toujours aimable ; et quelques hommes jeunes ou entre deux âges : MM. de Damartin, de Villiers-Naufle, Lagardy et de Jonzac.

— Tiens !... Liane ! tu es là ?... — dit madame de Chavannes, en entrant dans le hall — tu n'es donc pas sortie à cinq heures comme à l'ordinaire ?...

La marquise, qui lisait, étendue de tout son long sur une grande banquette de bambou, s'était dressée brusquement en entendant entrer quelqu'un. Quand elle vit qui entrait, elle se recoucha en disant :

— Ah !... Ce n'est que toi, Hélène!... J'ai eu peur !...

— De quoi?...

— D'une visite!... Comme on me reproche déjà de manquer de tenue quand je suis correctement assise, qu'est-ce qu'on dirait, Seigneur, en me voyant vautrée là-dessus comme une couleuvre au soleil !...

Puis, répondant à la question de son amie :

— Je ne suis pas montée à cheval, parce qu'il fait trop chaud!... L'idée de mettre une amazone, ou n'importe quel vêtement collant, m'a effrayée!...

— Mais tu vas être obligée de t'habiller pour dîner?...

— C'est vrai!... et ça m'assomme!... Tu aimes ça, toi, le monde?...

— Mais oui!...

Et madame de Chavannes, une femme de quarante ans, brune, rose, encore très belle et délicieusement pomponnée, ajouta en s'installant dans un grand fauteuil à bascule :

— Je l'aime pour moi, tant que je suis présentable... Après, je l'aimerai pour Yvonne...

— Quel âge a-t-elle, Yvonne?...

— Seize ans et demi... et Paul a vingt et un ans!... Si Paul était la fille et Yvonne le garçon, je pourrais être grand'mère...

— Ça serait très gentil!...

— Ça n'est jamais gentil d'avoir l'âge qui permet d'être grand'mère!... Tu ne te rends pas encore compte de ça, ma petite Liane... mais tu verras quand tu en seras là?...

Madame de Gueldre secoua, sans la soulever, sa tête ébouriffée :

— Bah!... Qu'est-ce que ça me fait de vieillir?... A quoi ça me servirait-il d'être jolie?...

— Pourquoi ce conditionnel?... Tu es jolie... et, si tu veux être franche, tu avoueras que tu le sais très bien?...

— Je sais très bien que je suis, non pas jolie, mais gentille... que je plais... que je suis... attirante... Tu vois que je suis franche?...

— A la bonne heure !...

— Mais c'est, comme disent les gens d'ici : « du bien perdu »... Ça ne profite, ça n'a jamais profité à personne...

— Allons donc!... Ton mari a été fou de toi !...

— Je l'ai cru... et lui aussi !...

— Et depuis?... — demanda madame de Chavannes, en regardant malicieusement la marquise — tu n'as jamais, jamais... je ne dirai pas « distingué »... mais remarqué personne?...

— Non !...

— C'est singulier!... Car enfin tu as été courtisée par des hommes qui méritaient bien une... remarque ?...

— C'est vrai!... mais toujours quelque chose m'empêchait de les prendre au sérieux...

— Quoi ?...

— Eh ! je ne sais pas, moi!... Quelquefois une impression que rien ne motivait... quelquefois aussi une « gaffe »... ou un détail grotesque!... En commençant, c'était superbe!... et puis frrrtt!... ça finissait ridiculement!...

— Comment ça?...

— Tu sais l'histoire du gardien du château de Blois?...

— Non !...

— Il explique pompeusement : « Ça, c'est la salle où le duc de Guise a été assassiné!... Ici s'est consommé le crime!... A cette place, il a reçu le premier coup de poignard!... là, il est tombé pour ne plus se relever!... Voici la cheminée où Henri III est venu se chauffer après le crime accompli!... Et

— IL EXPLIQUE POMPEUSEMENT.

là, c'est l'armoire *ousque* je mets mes balais... »

— Tu es bête !...

— Eh bien, on m'a toujours montré... à temps, l'armoire *ousqu*'on met les balais...

— C'est que tu étais disposée à la voir!... Oh! tu n'es pas sentimentale, toi!...

— Qui sait?... Monsieur de Mons prétend que j'aurai, tout comme une autre, ma petite passionnette !...

— Bernard ?... Tiens! en voilà un qui est amoureux de toi, Bernard de Mons?...

Et comme madame de Gueldre ne répondait pas, elle reprit :

— Ose dire que ça n'est pas vrai?.. Tu n'en sais rien, peut-être?...

— Je le saurais que je ne te le dirais pas!... Je n'admets pas que... quand on a eu affaire à des gens corrects, bien entendu... on ne garde pas un silence absolu sur ce genre de... confidences...

— Oh! oh!... Tu es rigide!...

— Je suis discrète, tout simplement!...

— Ah!... — dit madame de Chavannes qui se leva et alla vers la fenêtre — voilà un invité qui arrive!...

— A cinq heures et demie... pour dîner à huit heures!... Tu rêves!...

— Dame!... voilà une voiture qui sort de l'avenue, toujours!...

— Mon Dieu!... c'est une visite... et par cette chaleur!... Moi, les visites, je les déteste encore plus quand il fait chaud!... Qui est-ce?...

— Un monsieur... que je ne connais pas!... Viens le voir?...

Sans se décider à bouger encore, la marquise demanda :

— Comment est la voiture?...

— Un petit boghei et un très beau cheval alezan...

— Ah!... c'est monsieur de Guibray!...

— Qu'est-ce que c'est que monsieur de Guibray?...

— Comment!... tu ne le connais pas?... Ah!... non!... C'est vrai!... il n'était pas là quand tu es venue l'année dernière!... C'est le neveu du père Jardane, et le futur propriétaire des Aulnes... Allons!... il faut cependant que je me lève pour le recevoir!...

Paresseusement, elle se dressa, en bâillant de tout son cœur.

— Est-ce qu'il est ennuyeux, ce monsieur?... — demanda avec inquiétude madame de Chavannes, qui se leva aussi et fit un mouvement vers la porte.

— Mais pas du tout!... Veux-tu bien rester?... Il est très gentil, au contraire!... C'est moi qui suis un ours, voilà tout!... Tiens!... Yvonne!... Viens donc, Yvonne!... Pourquoi te sauves-tu comme ça?...

Une grande jeune fille, encore un peu maigre, mais très jolie, qui passait en courant devant le perron, suivie de deux chiens, entra en ouragan dans le hall.

— Vous m'appelez, Madame?...

— Où courais-tu si vite?...

— Je jouais avec Toc et Vlan!...

— Eh bien! — dit madame de Chavannes, — retourne jouer avec Toc et Vlan!...

— A présent, ils ont retrouvé leur maîtresse, ils ne viendront plus avec moi, Maman!...

Et elle montra les chiens, d'affreux grands chiens dégingandés, sans origine avouable, qui sautaient sur la marquise et la mangeaient de caresses. La porte du vestibule s'ouvrit, et un domestique introduisit le vicomte de Guibray.

Les deux chiens se précipitèrent à sa rencontre, en faisant une épouvantable musique, à la grande joie d'Yvonne, qui se mit ensuite à regarder le jeune homme avec l'insistance tranquillement effrontée des jeunes filles très naïves.

— Le vicomte de Guibray... — dit la marquise le présentant à madame de Chavannes et à sa fille. — Madame de Chavannes... mademoiselle Yvonne de Chavannes...

Il salua et s'assit, un peu gêné par les regards qu'il sentait peser sur lui; regards pas bien intimidants d'ailleurs, car madame de Chavannes et Yvonne l'examinaient avec bienveillance, et la marquise, distraite comme toujours, le voyait à peine. Cependant, elle demanda :

— Votre oncle va bien?... Pourquoi n'est-il pas venu?...

— Oh!... vous savez, Marquise, mon oncle fait rarement des visites!...

Madame de Gueldre répondit avec conviction :

— Ah! qu'il a raison!... et comme je comprends ça!... C'est si bête, les visites!... Ça assomme ceux qui les font... ça assomme ceux à qui on...

— Hum!... — fit assez irrespectueusement Yvonne qui regarda la marquise en riant — Hum!...

— LE VICOMTE DE GUIBRAY...

Madame de Gueldre s'arrêta court et rougit comme une petite fille. Mais le jeune homme n'avait rien remarqué. Un peu déconcerté de trouver les trois femmes réunies, désireux de produire son petit effet sur celles qu'il ne connaissait pas encore, il était préoccupé de ce qu'il allait dire et pas du tout de ce qu'on lui disait.

Il resta une demi-heure, et causa surtout avec madame de Chavannes et sa fille. En se levant pour partir, il demanda à la marquise si elle voulait accepter une place dans la voiture de son oncle pour aller le lendemain à Elven, où l'on devait déjeuner.

— Mais... est-ce que je vais à Elven, moi?... — demanda madame de Gueldre.

L'idée de rester et de profiter d'une délicieuse journée de solitude lui était venue tout à coup.

— Comment!... — s'écria brusquement madame de Chavannes — mais, certainement, tu vas à Elven!...

M. de Guibray reprit :

— Gueldre a dit hier que vous auriez de la peine à vous transporter tous... or, nous avons, ou plutôt j'ai — car, bien entendu, mon oncle reste paisiblement aux Aulnes — deux places à vous offrir... je n'emmène que Damartin... et nous prenons le landau...

La marquise hésita, cherchant un prétexte pour refuser :

— Mais... combien sommes-nous donc?... Il me semble qu'il y a plus de place qu'il n'en faut!... Voyons?... toi, Hélène, et tes enfants... ça fait trois!... Jacques, quatre..., Faucher, cinq... Henry et moi, sept... Comment!... Nous ne pouvons pas tenir sept dans les trois voitures?...

— Marquise, une de vos juments grises est boiteuse!... Gueldre ne peut transporter que cinq personnes... six... si on veut être horriblement mal!...

— Alors, j'accepte... J'irai avec Jacques... ou avec ton fils, Hélène?...

— A quelle heure voulez-vous que je vienne vous prendre?...

— Quand bon vous semblera...

— A dix heures... ça vous convient-il?...

— Parfaitement!...

Quand le vicomte fut sorti, madame de Chavannes s'écria en riant :

— Eh bien !... vrai !... tu les reçois froidement, les voisins qui viennent te voir !...

— Pourquoi dis-tu ça? — demanda la marquise inquiète — est-ce que je n'ai pas été polie?...

— Oh !... polie, si !... mais « fraîche »!... Et il est charmant, ce monsieur !...

— Charmant !... Mais s'il fallait sauter au cou de tous les gens qui sont charmants?...

Et, après un instant, madame de Gueldre reprit :

— Charmant !... C'est d'ailleurs un mot élastique !...

— Pourquoi élastique?...

— Mais parce que chacun lui donne un sens différent !... Ainsi pour moi, un homme charmant, c'est un homme qui serait...

— Qui serait quoi?...

— Eh ! je ne sais pas trop, moi !... qui serait très intelligent, rempli d'esprit, élégant, distingué, fin, très bien physiquement...

— Et vous ne trouvez pas, Madame, — demanda curieusement Yvonne — que monsieur de Guibray soit tout ça?...

— Dame, non !... Mais il faut dire que je ne l'ai jamais beaucoup regardé !...

Madame de Chavannes se leva en disant :

— Moi, je vais m'habiller !...

— Vous ferez bien !... car il doit vous falloir pour ça un temps considérable !... — gronda la grosse voix bien timbrée de M. Faucher, qui venait d'entrer par le perron.

— Hélas !... j'en vais faire autant !... — dit la marquise en s'étirant d'un air ennuyé.

— Oh !... vous !... pour la peine que ça vous donne !...

Madame de Gueldre protesta :

— Comment !... comment !... la peine que ça vous donne?... Mais ça m'en donne beaucoup !...

Faucher haussa les épaules.

— Allons donc !... Madame de Chavannes s'habille consciencieusement, elle !... trop même !...

— Monsieur Faucher — s'écria ma-

JE VAIS M'HABILLER !...

dame de Chavannes qui riait — commence déjà à nous dire des choses désagréables, et il n'est entré que depuis trois minutes !...

La marquise répondit :

— Naturellement !... il n'est entré que pour ça !...

— Je ne dis pas des choses désagréables... — rectifia Faucher, en s'allongeant dans le fauteuil que madame de Chavannes venait de quitter — je dis des choses vraies !... Car enfin, je ne pense pas que vous ayez, vous, la belle Hélène... la prétention de...

— D'abord, je vous défends de m'appeler la belle Hélène !...

— Vous avez tort !... Vous méritez ce surnom... que tout le monde vous donne, d'ailleurs !... Enfin, je reprends : Vous n'avez pas, vous, madame de Chavannes, la prétention de nous faire croire que vous troussez en un tour de main les harmonieux fouillis de dentelles, de plumes, de rubans, et de toutes espèces de choses, destinés à nous éblouir ?... Tout ça est... « tripatouillé... » si j'ose m'exprimer ainsi... avec un soin extrême !... On voit que vous daignez attacher quelque importance à l'avis de vos humbles adorateurs ?... Vous leur faites les honneurs de vos charmes avec beaucoup de grâce et un tantinet de coquetterie... Enfin, vous faites ce que toute femme vraiment femme doit faire...

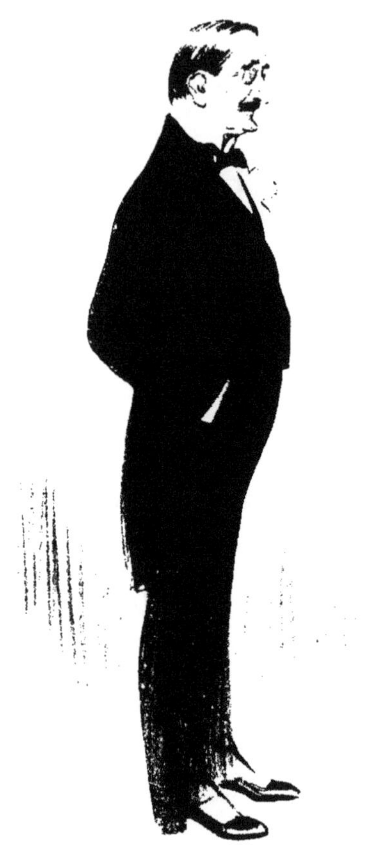

M. FAUCHER.

— Et moi ?... — demanda madame de Gueldre.

— Oh ! vous !... Vous habiller, pour vous, c'est enfiler, va comme je te pousse, une housse, — car on ne peut même pas dire une robe — invariablement blanche... L'été, la housse est en mousseline ou en crêpe de Chine... l'hiver, elle est en peluche ou en velours... Selon les circonstances elle est plus ou moins décolletée, et elle a des manches ou elle n'en a pas !... Mais à part ça, c'est toujours la même housse !...

Et voyant que la marquise riait :

— Ah !... oui !... Je vous conseille de rire !... Et par là-dessus des coiffures sans nom !... que vous devez faire en secouant votre tête, tout simplement, quand vos cheveux tombent bouclés sur le dos... — car vous n'avez même pas le mérite de les friser... ils frisent tout seuls !... — ou avec le poing, quand ils font sur le haut du crâne l'affreuse petite houppe que vous avez dans ce moment-ci !...

— Avez-vous fini ?...

— Non !... Je ne vous ai jamais vue vous habiller, mais je parierais bien que vous ne mettez pas de corset ?... Vous avez une façon de vous tortiller sur les meubles... et de ramasser les balles de tennis sans plier les genoux... en vous cassant en deux, pan ! d'un coup sec !...

Vous ne pourriez jamais faire ça avec un corset!... Je la connais, la révérence qui est la façon de se baisser des femmes corsetées!... Quand une femme laisse tomber son mouchoir... je fais toujours celui qui regarde de l'autre côté, moi!... Ça m'amuse de voir comment elle le ramasse!...

— Est-ce tout?... Puis-je aller... « enfiler ma housse blanche »... sans manches, ce soir, puisqu'il y a du monde?...

Faucher se leva d'un bond :

— Du monde!... Nom d'une pipe!... Je l'avais oublié!... Et vous êtes là, à me faire perdre mon temps!... Mais, moi aussi, il faut que je m'habille!...

— Attendez-moi, mon bon Oncle!... je monte avec vous! — cria la petite de Chavannes, en s'élançant à la poursuite de Faucher, suivie de sa mère et de la marquise.

Elle et son frère avaient pris l'habitude d'appeler *mon bon Oncle* le vieux garçon qui les accablait de taquineries, de conseils et de réprimandes, et qu'ils adoraient néanmoins. Ils ne pouvaient plus se passer des grogneries incessantes de « l'Oncle », et quand, occupé ailleurs, il leur laissait par hasard un moment de repos, ils se mettaient à sa recherche et le harcelaient jusqu'à ce qu'il eût repris ce qu'ils appelaient : *sa vraie nature.*

On entendit la voix de Paul de Chavannes dans l'escalier et les éclats de rire d'Yvonne; les grognements de l'oncle; le bruit d'une course folle et de glissades dans les corridors. Puis tout rentra dans le calme jusqu'à l'heure du dîner.

A huit heures moins quelques minutes, personne, sauf Faucher, n'était encore prêt. Et quand la baronne de Lassigny arriva, ce fut lui qui la reçut. Aussi accabla-t-il de reproches monsieur et madame de Gueldre.

Villiers-Naufle, Lagardy et Damartin arrivèrent ensemble exactement à l'heure. Il ne manquait plus que les Montreu.

Tout à coup Faucher, qui faisait les cent pas dans le salon, s'arrêta devant M. de Gueldre et, lui fourrant sous le nez sa montre qu'il venait de regarder pour la dixième fois :

— Henry!... Tu sais qu'il est huit heures un quart!...

— Oui... Dès que les Montreu seront là, nous dînerons!... On n'attend plus qu'eux...

— Ah!... On les attend, alors?...

— Mais, dame!...

— Et s'ils viennent à neuf heures?...

— Ils ne viendront pas à neuf heures...

— Qu'est-ce que tu en sais?... Ils sont si bien élevés!...

— Mon Dieu!... — dit la marquise, — quand il faut faire trois lieues en voiture, on ne peut pas toujours arriver à l'heure?...

Faucher se hérissa :

— Et pourquoi, je vous prie, ne peut-on pas arriver à l'heure?... Il suffit de partir à temps!...

— Sans doute... il y a ça!... Mais enfin, il faut un peu d'indulgence!...

— De l'indulgence?... Et pourquoi donc en aurais-je, de l'indulgence?... Comment!... voilà deux morveux qui font poser...

— Oh! deux morveux!... Montreu a trente-huit ans!...

— Eh bien, c'est un vieux morveux, voilà tout!... Qui font poser... cinq... sept... dix personnes... lesquelles, sauf moi, sont trop bien élevées pour crier qu'elles meurent de faim!... Et parmi ces dix personnes est madame de Lassigny!...

— Dont le grand âge exige des ménagements?... — fit en riant la baronne.

— Ça vous fait rire?... Eh bien, moi, je ne trouve pas ça drôle du tout !... Que la petite de Montreu se permette de vous faire attendre, c'est tout de même raide !... d'autant plus qu'elle le fait exprès, vous savez !... Elle prépare son entrée !...

— Oh !... croyez-vous ?... — demanda madame de Chavannes — je sais bien

Et, suivant son idée :

— Non, pas jolie !... Des petits yeux bridés... des lèvres pâles... malgré le rouge qui les peinturlure... des dents douteuses... une taille...

— Oh !... quant à ça, charmante, la taille !... — interrompit madame de Gueldre.

— Allons donc !... Elle est mince de profil et large de face !... et plate !... et raide !... Avec ça, dinde autant qu'on

TU SAIS QU'IL EST HUIT HEURES UN QUART !...

qu'elle est un peu affolée de chic, mais enfin...

Faucher mourait de faim. De grinchu, il devenait féroce.

— De chic !... mais elle n'en a même pas, de chic !... Elle s'habille mal... elle a toujours l'air paré !... Et elle est sotte, avec ça... et pas jolie !...

Paul de Chavannes protesta.

— Oh !... pas jolie !...

Furieux, « l'Oncle » se retourna :

— Quand on a encore du lait au bout du nez, on ne juge pas les femmes !... Ciron, va !...

peut l'être !... Elle vous parlera des romans de Maupassant, qu'elle n'a pas lus, ou de ceux de Bourget, qu'elle n'a pas compris... quand il serait si simple de se taire... ou d'avouer qu'elle ne lit et ne comprend rien !...

— Mais — observa doucement madame de Gueldre — la littérature n'est pas précisément la spécialité des Montreu !...

— Et quelle est-elle, je vous prie, leur spécialité ?... C'est pas le cheval, toujours !... Aux Poteaux, quand il n'y a pas trop de monde, ça va encore...

à peu près... mais à la chasse, ils font peine à voir!... Et laids!... lui, avec ses jambes raides et écartées! elle, avec sa taille plate!... On dirait une pelle et une pincette!...

— Eh bien, mais... — fit remarquer M. de Gueldre — il me semble que si, comme tu le disais tout à l'heure, la petite de Montreu prépare son entrée... toi, tu la soignes?...

— Avec tout ça, il est huit heures et demie!... — dit rageusement Faucher qui — s'écria la marquise, que les potins exaspéraient.

Et, se tournant vers son mari :

— A propos!... Il est venu, monsieur de Guibray!...

— Quand ça?...

— Mais... tout à l'heure... avant le dîner!..

— Et vous n'avez pas eu l'idée de lui demander de rester?...

— Ma foi non!... je n'y ai pas pensé!...

— Ce pauvre Guibray!... — dit Jac-

QUAND ON A DU LAIT AU BOUT DU NEZ, ON NE JUGE PAS LES FEMMES!...

alla s'asseoir — ils ne viendront peut-être pas du tout, d'ailleurs?...

Et après un silence il ajouta :

... Puisque vous n'avez pas invité Guibray!...

— Je ne l'ai pas invité... parce que je n'y ai pas pensé... tout bonnement!...

Madame de Chavannes avait dressé l'oreille. Elle demanda :

— Pourquoi, monsieur de Guibray... est-ce que?...

— Oui!!! — affirmèrent ensemble, d'un air discret, Villiers-Naufle, Lagardy et Damartin.

— Qu'est-ce que vous en savez?... ques de Boufflers d'un air mélancolique, — on ne m'a pas l'air de penser souvent à lui dans cette maison!...

— Il est cependant charmant!... moi, je l'aime beaucoup!... — déclara madame de Lassigny.

— Vois-tu ce que je te disais, Liane!... — s'écria madame de Chavannes d'un ton de reproche.

La marquise répondit :

— Voilà, à présent, que j'ai non seulement oublié d'inviter monsieur de Guibray, mais qu'encore je l'ai « débiné »... paraît-il?... C'est sans m'en douter, car vraiment...

— Je ne dis pas que tu l'as débiné, mais tu as parlé de lui sans enthousiasme !...

— Ça, c'est possible !... D'abord, je ne vu quelquefois... mais sans intimité... Enfin, je ne saurais pas dire exactement de quelle couleur sont ses yeux, ni de quel genre est son esprit... s'il en a ?...

— ÇA, C'EST POSSIBLE !...

m'enthousiasme pas facilement !... Ensuite, j'avoue que monsieur de Guibray n'a pas produit sur moi un effet... foudroyant !... Je le connais depuis... Ma foi, je ne sais pas au juste depuis combien de temps je le connais ?... Je l'ai

— Bref... — expliqua Jacques de Boufflers — il a produit sur vous ce que nous appellerons un effet gris ?...

— Mon Dieu, oui !... Mais je n'ai rien dit de désagréable !... Hélène a déclaré après son départ qu'il était charmant...

J'ai demandé : « Est-il charmant ? »... toute disposée à me laisser convaincre...

— Moi — dit Damartin — je le trouve très joli garçon, Guibray !...

Madame de Gueldre se mit à rire.

— Oh ! c'est mauvais pour lui, ça !... Quand un homme en admire un autre, c'est qu'il le considère comme peu dangereux !... Pour ça, quoi qu'on dise, les hommes sont beaucoup plus mesquins et envieux que les femmes... ou, du moins, ils dissimulent moins habilement leur mesquinerie et leur envie...

— Ce qui est certain — déclara Villiers-Naufle — c'est que Guibray a du chic !...

La marquise se récria :

— Ça, non !... par exemple !...

— Ah !... Qu'est-ce que vous lui reprochez ?

— Ses costumes !... Je les ai remarqués eux !... S'il avait vingt ans, il pourrait, à la rigueur, s'habiller comme il fait... étant donné qu'il a mauvais goût !... Mais à son âge, c'est ridicule !... Et puis, cette façon qu'il a de donner les titres... soit en parlant des gens, soit en leur parlant à eux-mêmes ?... Trouvez-vous aussi que ça soit chic ?...

— La petite Montreu aime ça !... — gronda Faucher.

La marquise haussa les épaules.

— Encore !... Vous ne pouvez pas parler sans dire des méchancetés, vous !...

Et comme « l'Oncle », qui tournait le dos à la porte d'entrée, se disposait à répondre, madame de Gueldre lui dit en passant rapidement devant lui :

— Taisez-vous !... les voilà !...

— Enfin !... — grommela Faucher — C'est pas malheureux !... à neuf heures moins vingt !...

Et il se décida à remettre sa montre dans sa poche.

Les Montreu entraient, aussi tranquilles, aussi souriants, que s'ils eussent été à l'heure. Lui, grand, trop élégant, l'air ennuyé et ennuyeux. Elle, petite, brune, remuante, poseuse, très jolie, mais écrasant un peu sa toute petite personne sous un écroulement de ruches, de broderies et de fleurs.

Comme on annonçait le dîner avant même qu'elle se fût assise, elle demanda :

— Est-ce que nous sommes en retard ?...

Et, sans attendre la réponse, elle ajouta en minaudant :

— Je parie que vous en avez profité pour dire du mal de moi ?...

Faucher répondit, d'un air bonhomme :

— Pas du tout !... Nous parlions de Guibray !...

III

Le lendemain matin, le landau de M. de Jardane s'arrêtait devant le perron de Kildare. La marquise attendait avec Jacques de Boufflers. Elle monta en voiture, sans même laisser à M. de Guibray et à Damartin le temps de descendre. Et elle resta silencieuse, répondant à peine aux phrases polies des deux jeunes gens.

— Est-ce que Gueldre est déjà parti ?... — demanda le vicomte.

— Oui...

— C'est lui qui conduit le phaéton ?...

— Oui...

— Qui est-ce qui est dans la charrette ?...

— Dans la charrette ?... Ah !... je ne sais pas trop !...

Jacques se mit à rire en regardant sa cousine, et répondit :

— Il y a, dans la charrette, mademoiselle de Chavannes et son frère... Gueldre a emmené madame de Chavannes et Faucher dans le phaéton...

Le jeune homme voyait que la marquise, qui ordinairement ne se levait qu'à onze heures, avait encore les idées confuses et les yeux pleins de sommeil. L'obligation de parler était pour elle un supplice. Il savait que tous les jours au déjeuner, elle mangeait à peine, ne parlait pas du tout, et ne sortait de cet engourdissement que deux ou trois heures après son réveil.

Guibray, lui, peu au courant des habitudes de madame de Gueldre, s'étonnait de la trouver sérieuse et préoccupée. Assis en face d'elle, il la regardait attentivement, se demandant ce qu'avait cette rieuse ? Est-ce qu'elle était souffrante ?... Est-ce qu'elle s'ennuyait ?... Pourquoi donc cet air attristé ?...

LE LANDAU S'ARRÊTAIT DEVANT LE PERRON DE KILDARE.

La marquise ne se doutait pas de la curiosité qu'elle provoquait. Appuyée dans le coin de la voiture, elle regardait filer les haies et les peupliers qui bordent la route. Bercée par le mouvement très doux des ressorts, elle eût voulu pouvoir se rendormir et rattraper les deux heures de sommeil qu'elle regrettait si fort.

Le vicomte continuait à l'observer, en essayant tous les sujets de conversation. Et Jacques continuait à rire et à répondre aux questions faites à sa cousine. Quant à Damartin, assis au fond, à côté de la marquise, il examinait silencieusement Jacques de Boufflers, pour lequel il a une admiration sans bornes.

A un coude de la route, il se pencha et montrant une voiture qu'on apercevait à deux cents mètres, il dit :

— Ah!... les Montreu sont devant nous !...

— Comment !... — s'écria madame de Gueldre — est-ce qu'ils déjeunent avec nous, les Montreu ?...

— Mais oui... — répondit Jacques — on a arrangé ça hier au soir !...

— Mon Dieu !... — fit la marquise, avec découragement — ils sont donc inévitables ?... Je ne les...

Mais apercevant en face d'elle M. de Guibray, et se souvenant des allusions de la veille, elle s'arrêta en balbutiant et rougit jusqu'aux cheveux. Alors, Jacques, pensant que le moment était venu de faire diversion, entonna bruyamment une chanson de Montmartre.

— Il va pleuvoir ! — dit tout à coup Damartin.

Jacques demanda :

— Parce que je chante, peut-être ?...

La marquise montra les nuages lourds qui semblaient descendre sur le landau.

— Il va y avoir un affreux orage !... On ne pourra pas déjeuner dehors !...

Et l'orage arriva épouvantable. Il fallut s'arrêter dans une auberge du bourg.

— Partons ?... — proposait la petite de Montreu de très mauvaise humeur et qui regrettait de friper, dans cette misérable salle incolore et empoussiérée, la jolie toilette si habilement combinée en vue du décor vert de la forêt.

Mais Montreu protesta :

— Partir sous ces torrents de grêle ?... Vous n'y pensez pas, ma Chère !...

— Si, pour commencer, nous déjeunions ?... — demandait Faucher — il est midi et demi... Rien n'est plus malsain que de manger à des heures irrégulières !...

Il lança un regard de coté sur les Montreu, auxquels il ne pardonnait pas le retard du dîner de la veille, et continua :

— Et, pour une raison ou pour une autre, nous ne faisons que ça !...

— Déjeunons, mon bon Oncle !... Moi, j'ai une faim énorme !... — disait Yvonne que l'orage mettait en gaieté.

Comme tous les êtres jeunes et bien portants, elle adorait l'imprévu. Et ce déjeuner dans une auberge borgne telle qu'elle n'en avait jamais vue, au lieu du traditionnel déjeuner sur l'herbe, qu'elle connaissait si bien, la réjouissait fort. Quant à la marquise, déjeuner ici ou là, ça lui était bien égal!... Elle voulait seulement que ses invités fussent le moins mal possible et elle commença tout de suite à faire déballer les paniers de provisions.

— Ah ! — dit madame de Chavannes, la regardant aller et venir dans la salle, — voilà Liane qui se réveille !...

Tous aidèrent à mettre le couvert. Jacques, curieux et touche-à-tout, ouvrait les boîtes et les paniers, fouillant tout et goûtant ce qui lui plaisait. Enfin, il s'empara d'un pâté de foie gras et, armé d'une cuillère, s'apprêta à l'entamer. M. de Gueldre voulut l'en empêcher. Alors il se sauva en courant tout autour de la pièce, et finit par grimper comme un singe, sans lâcher son pâté, sur le haut d'un immense bahut breton, où il s'assit les jambes pendantes, défiant toute attaque.

— Vous savez... — dit la marquise — il est capable de manger ça à lui tout seul !...

— Oh !... — fit Damartin incrédule.

— Parfaitement ! — cria Jacques qui serrait son pâté dans ses bras — je parie cinq louis que je le mange ?...

— JACQUES, CURIEUX ET TOUCHE-A-TOUT, GOUTAIT CE QUI LUI PLAISAIT.

Et voyant que Damartin le regardait avec admiration, il reprit :

— Avec la croûte ?...

— Non ! — supplia Faucher qui courut au pied du bahut — Non !... J'aime mieux vous donner les cinq louis pour que vous m'en laissiez ?...

Guibray, beaucoup plus poli et courtois que les autres, beaucoup moins lié qu'eux, surtout, avec madame de Gueldre, l'aidait consciencieusement, faisant avec elle « le ménage ». Forcément, une sorte d'intimité naissait. Et, pour la première fois, la marquise se disait que son voisin était un compagnon gentil, bien élevé, et d'aimable humeur.

Après le déjeuner, il fallut attendre encore. La pluie tombait de plus en plus fort. Mais les marins affirmaient que vers cinq heures il y aurait « une embellie ».

On resta donc dans la grande pièce sale qui sentait le graillon. Bientôt Lagardy, qu'on devait rejoindre à la tour située tout près de chez lui, arriva crotté comme un barbet. Ne trouvant personne aux ruines, il avait supposé qu'on était resté à l'auberge.

A cinq heures, l'*embellie* promise ne s'annonçait pas encore, et le père Gégo, un vieux pêcheur appelé en consultation, dit que le grain ne passerait qu'à l'heure de la pleine mer. Cette fois, il en répondait. Il s'engageait — si ça n'arrivait pas comme il le disait — « à reconduire ces dames et ces messieurs dans sa barque « *par la route !* »

LE PÈRE GÉGO...

L'heure de la pleine mer !... C'était neuf heures et demie !... Allait-on passer presque cinq heures encore dans cette auberge et y dîner ?... Madame de Montreu déclara immédiatement qu'elle partait, et elle donna à son mari l'ordre de faire atteler, sur un ton qui n'admettait pas de réplique.

— Moi... — dit le marquis en s'adressant à madame de Chavannes — je vous offrirais bien de partir aussi ?... Mais il y a un des chevaux qui a une peur de tous les diables des éclairs... et, comme vous n'êtes pas très brave en voiture...

Madame de Chavannes se cramponna à sa chaise :

— Partir ?... par ce temps-là... Ah !... grand Dieu !... Votre cheval a beau avoir peur des éclairs, je vous promets bien qu'il n'en a pas si peur que moi !... Et, je ne sais pas si vous vous en apercevez, mais depuis un instant l'orage, qui avait diminué, reprend plus fort !... Si ça continue, je coucherai ici, moi !...

— Oh !... Maman !... — s'écria Yvonne transportée — couchons ici, ce sera si amusant !...

Madame de Gueldre fit la grimace. L'idée de coucher dans cette auberge, l'idée surtout de se lever le lendemain de bonne heure pour retourner à Kildare, ne lui souriait pas du tout. D'autre part, si madame de Chavannes restait, elle ne pouvait pas s'en aller. Et M. de Guibray ne parlait pas de départ. Il ne se souciait pas de faire faire sept lieues, sous cette pluie battante, aux chevaux de l'oncle Jardane.

Faucher, plus pratique que les autres, s'était — dès qu'il avait vu qu'on ne partait qu'après le dîner — faufilé à la cuisine. Il revint faisant « un nez ».

— Mes enfants, c'est très joli tout ça !... Mais vous êtes-vous demandé s'il y avait à manger, ici ?...

La marquise répondit :

— Il y a toujours moyen de s'arranger !...

— Vous croyez ça ?... Ce matin nous avions apporté de quoi déjeuner, alors ç'a été tout seul !... Nous avons mangé ce déjeuner sur une table qui nous a paru plus sale que l'herbe — qui l'eût été en réalité davantage — mais enfin nous l'avons mangé... et c'est l'important !... Tandis que ce soir...

— Eh ! — dit M. de Gueldre agacé — tu fais toujours des embarras de tout !... on trouvera bien ici de quoi dîner, sapristi !...

— Ah ! vraiment ?... Eh bien, vas-y donc voir ?... On nous offre deux poulets... et rien avec !...

— Pas de viande ?...

Faucher haussa les épaules.

— De la viande !... On dirait, ma parole, que tu ne connais pas la Bretagne !... de la viande ?... Cherche !...

— Deux poulets pour dix, c'est court !... — murmura le marquis — mais nous aurons des œufs autant que nous en voudrons...

— Et des huîtres aussi... — dit madame de Gueldre.

Faucher poussa des cris de paon :

— Des huîtres ?... au mois d'août !... C'est donc que vous voulez nous faire mourir ?...

— Mais j'en mange tout le temps, moi des huîtres !...

— Parce que vous avez un estomac d'autruche, vous !...

Yvonne demanda gentiment :

— Voulez-vous que je vous fasse des crêpes de blé noir, dites, notre Oncle ?... Je les fais très bien, vous verrez ?...

La mine rébarbative de l'oncle s'adoucit.

— Tiens !... Il y a peut-être là une idée !... Des crêpes de blé noir... bien fines... qu'on roulera avec beaucoup de confiture et un peu de sucre... Mais il faut qu'elles soient fines, fines, vos crêpes ?... une vraie dentelle !... A présent, le tout est de savoir si, dans cet établissement, il y a de la confiture sans mélasse et du sucre sans farine ?...

Et, de nouveau, il s'engouffra dans la cuisine, au désespoir de la maîtresse de l'auberge, qui trouvait ce grand monsieur difficile et encombrant.

Comme le matin, la marquise s'occupa du couvert. Elle avait fait la conquête de la petite bonne, qui consentit à aller, malgré la pluie, cueillir des roses dans le jardin. Madame de Gueldre arrangea une corbeille de table, mais elle ne put, malgré ses supplications, obtenir d'autre éclairage que des lampes à pétrole, qui infectaient l'air épais de la salle.

Tandis que, désappointée, elle regardait fumer les lampes en tordant machinalement son mouchoir dans sa main, d'un mouvement qui lui était familier, M. de Guibray dit tout à coup, en humant l'air :

— Ah !... ça sent l'œillet ici !... Vous ne trouvez pas ?...

Madame de Gueldre répondit en riant :

— Ah ! non, par exemple !... je ne trouve pas !...

— Mais si !...

Et, apercevant le mouchoir qu'elle continuait à rouler entre ses doigts :

— C'est votre mouchoir qui sent comme ça ?...

Elle le lui tendit roulé en boule. Il l'ouvrit et y plongea son nez.

— Parbleu !... Certainement, c'est lui !...

Il fit un mouvement pour le rendre à la marquise. Puis, hésitant, il demanda :

— Est-ce que vous avez un autre mouchoir ?...

— Oui... j'en ai un dans la poche de mon pardessus de voiture... Pourquoi ?...

— Parce que... je voudrais... garder celui-ci...

Et comme elle le regardait un peu surprise :

— Est-ce que ça vous contrarie que je vous demande ça, Marquise ?...

— Pas le moins du monde !...

Elle allait dire : « Mais ça m'étonne ! » Elle s'arrêta.

Il reprit, en plongeant de nouveau

LA PETITE BONNE, MALGRÉ LA PLUIE...

son visage dans le petit chiffon de dentelle :

— Ce sera un souvenir de cette partie !...

— Manquée...

Le vicomte répondit :

— Moi, je ne la trouve pas manquée!... J'ai passé une excellente journée...

— Entre ces murs sales... et par ce lugubre temps?...

— Oui!... je me suis beaucoup amusé!...

Madame de Gueldre répondit gaiement :

— Eh bien là, vrai!... Vous n'êtes pas difficile à amuser, vous!...

Faucher entrait, portant lui-même le potage :

— Allons!... vite!... En l'avalant bien chaud, il sera peut-être mangeable ?...

Et comme le marquis s'occupait de placer les dîneurs, il cria :

— Eh! sac à papier!... Asseyez-vous n'importe comment !... Nous n'allons pas la faire à l'étiquette, ici, n'est-ce pas ?...

Guibray offrit une chaise à madame de Gueldre et demanda :

— Si vous le permettez, Marquise, je serai votre voisin ?...

Madame de Chavannes, servie la première, venait de goûter le potage. Elle poussa un gémissement.

— Qu'est-ce qu'il y a ?... — demanda Faucher, qui resta tenant la louche en l'air au-dessus de l'assiette qu'il servait.

— Il y a, mon pauvre Oncle, que, même en le mangeant très chaud, il est inavalable !... — dit Yvonne en regardant avec horreur le potage, qu'elle venait aussi de goûter.

— Le fait est qu'il est épouvantable!... — murmura Damartin navré.

— Horrible ! ! ! — hurla Jacques.

A l'autre bout de la table, on prenait plus gaiement les choses. Madame de Gueldre était si peu gourmande que, quand elle avait mangé d'un plat, elle était le plus souvent incapable de dire le nom de ce plat. Elle avait faim et s'apercevait à peine que le potage était atroce.

Lagardy, après avoir versé la poivrière tout entière dans son assiette, déclarait : « que ça n'était pas si mauvais que ça ». Paul de Chavannes dévorait avec son appétit de vingt ans, et le vicomte bavardait avec sa voisine en mangeant distraitement.

— Voyez-vous — dit tout à coup le marquis — le père Gégo avait raison... il va faire un temps superbe !...

— Oui... mais quelle boue !... — observa mélancoliquement Lagardy, qui, pour rentrer, avait à faire une lieue en forêt et à travers champs.

M. de Guibray se récria :

— Tu ne vas pas rentrer à pied à la Roche ce soir ?... Nous allons t'emmener!... Le landau est immense... et, si la marquise veut bien que nous nous serrions un peu...

— Non, ma mère serait inquiète!... Je n'ai même pas dit que je ne rentrerais pas dîner...

— Envoie un mot par un gamin... Tu coucheras aux Aulnes, et demain, après le déjeuner, on te reconduira...

— Quand vous aurez fini, nous partirons?... — proposa M. de Gueldre — Il est neuf heures et demie, et il faut compter au moins deux heures de route !... les chemins vont être défoncés... Il y a très longtemps que nous sommes à table, vous savez !...

— On mange toujours trop !... — déclara Faucher en piquant dans le plat une sixième crêpe, sur laquelle il étendit une épaisse couche de gelée de groseilles — on mange toujours trop !... Les médecins vous diront que la moitié des maladies vient de là...

La marquise se leva, pour prendre son manteau et son chapeau accrochés dans un coin de la salle. Guibray lui en évita la peine et l'aida à se vêtir. Il le fit lestement, glissant le collet du paletot sous les cheveux sans même les frôler, et croisant adroitement derrière le chapeau les pans du grand voile de gaze.

Ce fut le landau qui sortit le premier de la cour de ferme où on avait, tant bien que mal, abrité les voitures. Le vicomte voulut, comme c'était indiqué, faire monter madame de Gueldre la première, mais elle s'y refusa en disant :

— Non !... C'est moi qui vais me mettre en « lapin »!... Je suis la plus petite... Et puis, je suis habituée à ça !...

Guibray affirmait qu'il ne laisserait jamais la marquise revenir ainsi. Mais M. de Gueldre, qui assistait au « chargement », intervint :

— Vous avez tort!... Laissez-la donc faire!... C'est vrai qu'elle va en lapin chaque fois que nous sommes nombreux...

Et Jacques de Boufflers appuya le dire de son cousin :

GUIBRAY L'AIDA A SE VÊTIR...

— Mais certainement!... Je n'aurais pas l'idée de faire des cérémonies pour ça, moi !... Liane est très bien là où un de nous serait très mal et très gênant !... C'est une affaire de longueur de jambes !...

M. de Guibray céda, et il reprit sa place sur la banquette du devant à côté de Jacques, tandis que madame de

Gueldre s'asseyait au fond, entre Lagardy et Damartin.

On avait fermé le landau. Mais par les glaces baissées, un air humide entrait, enveloppant tout d'une buée chaude.

La marquise, assise au bord de la banquette pour tenir moins de place, se trouvait absolument entre les deux portières. Ayant posé sur ses genoux sa main dégantée, elle s'écria très surprise :

— Oh ! ma robe est mouillée tout comme s'il pleuvait !...

— Attendez !... — dit Jacques — nous allons vous garantir de cette humidité !...

Et il déploya un grand plaid moutonneux qu'il trimbalait toujours avec lui en voiture.

— On est bien mieux comme ça ! — fit Damartin qui étendit le plaid sur tout le monde.

La nuit était très noire. La chaleur très lourde. La conversation, animée au départ, devint bientôt pénible et traînassante, puis, peu à peu, cessa tout à fait. Jacques s'endormit le premier, et Lagardy et Damartin ne tardèrent point à faire comme lui.

M. de Gueldre avait bien prévu que les chemins seraient défoncés. Les chevaux, presque toujours au pas, avançaient difficilement et Liane pensa : « Nous en avons pour trois heures au lieu de deux ! »

Elle était ravie que tous ses compagnons se fussent endormis. Au moins elle ne serait pas obligée de parler. Vaguement éclairée par les lanternes, elle distinguait en face d'elle les silhouettes de Jacques et de M. de Guibray. A sa droite et sa gauche, elle devinait les formes tassées de Damartin et de Lagardy. Et elle se mit à rire, en pensant à la tête que tous les trois (elle ne comptait pas Jacques qui n'avait pas à se gêner) feraient en s'apercevant qu'ils avaient dormi. Quelle stupide promenade !... A cette heure, au lieu d'être là, cahotée entre ces quatre hommes qui dormaient, elle serait à Kildare à faire de la musique avec Yvonne et Paul... Ou — s'il était déjà onze heures — elle s'installerait dans la grande bergère de sa chambre, à côté de sa lampe voilée de dentelles, et resterait là bien tranquille, à lire, à écrire, ou à rêver ?...

Une bête de journée tout de même... passée dans cette salle sans air... au milieu d'une fumée à couper au couteau !... avec, si on laissait éteindr les cigares et les pipes, une odeur horrible, mélange de graisse brûlée et de moisi. Et cependant elle ne s'était pas ennuyée un instant, et, sans qu'elle pût s'expliquer pourquoi, elle ne regrettait pas cette journée vide et ridicule.

Un cahot plus violent que les autres la lança brusquement en avant sur M. de Guibray. En se rasseyant, elle sentit une de ses jambes retenue par une pression imperceptible... si imperceptible même, que le plus faible mouvement l'eût fait cesser. Et ce mouvement, elle ne le fit pas... immobilisée en quelque sorte par une sensation inconnue qui lui semblait douce infiniment...

Et pourtant, elle n'en pouvait douter, c'était M. de Guibray qui se permettait de la toucher !... qui osait faire cette chose inouïe, considérée par elle, si peu bégueule pourtant, comme une véritable insulte.

Souvent — depuis l'histoire du retour de chasse en break, rappelée par M. de Mons — d'autres histoires semblables ou analogues étaient arrivées à la marquise. Sa liberté d'allures paraissait excessive à bien des gens, et des imbéciles ou des provinciaux pouvaient s'y tromper. Mais toujours, madame de Gueldre s'était indignée qu'on se permît avec elle ce qu'elle appelait des « façons de goujat ». Toujours aussi, elle avait exprimé son indignation avec cet emportement brutal qui lui faisait tant d'ennemis. Et aujourd'hui, loin de s'indigner, elle restait immobile, émue, n'osant bouger de crainte de faire cesser le doux frôlement qui l'énervait comme une caresse.

Et, tandis qu'elle se reprochait cette faiblesse dont elle avait honte, affreusement honte, elle vit luire les yeux de Guibray qui la regardait. Ces yeux qu'elle avait bien observés dans la journée — pour pouvoir dire cette fois de quelle couleur ils étaient — et qu'elle avait trouvés assez beaux et très insignifiants, lui parurent dans l'ombre très bons, et si profondément tendres qu'elle en fut toute remuée. A ce moment, elle sentit une main qui, sous le plaid, cherchait sa main et, s'en emparant, la serrait à la briser. Elle eût voulu crier, descendre, lancer au jeune homme une injure... et elle restait, au contraire, soumise et reconnaissante, répondant malgré elle et de toutes ses forces à l'étreinte chaude qui la remplissait d'un bonheur intense et étonné.

— Est-ce que tu dors, Jean ?... — demanda tout à coup d'une voix éraillée, Damartin qui s'éveillait.

Effarée, la marquise voulut retirer sa main. Mais Guibray la retint, d'une pression douce et câline qui ressemblait à une prière, tandis qu'il répondait :

— Non, je ne dors pas !... C'est toi qui as dormi !...

Damartin riposta par l'inévitable phrase des dormeurs :

— Moi ?... jamais de la vie !... La preuve, c'est que j'ai entendu tout ce que vous avez dit !...

LE VICOMTE LUI TENDAIT LA MAIN...

Madame de Gueldre essayait de reprendre possession d'elle-même. Elle se scrutait avec dégoût et concluait :

« Non !... c'est impossible !... Moi aussi, j'ai dormi... et rêvé ?... »

Mais, lorsqu'en arrivant à Kildare, elle posa sa main dans la main que le vicomte lui tendait pour l'aider à descendre ; lorsqu'elle sentit, au contact de cette main tiède et caressante, le trouble qu'elle avait déjà éprouvé tout à l'heure, elle se dit, craintive pour la première fois de sa vie, en présence d'un danger dont le mystère la bouleversait toute:

verse... il n'était pas plus défoncé que la route...

Voyant que la marquise allait monter chez elle, son mari lui dit :

— Madame de Chavannes et Yvonne vous attendent dans la bibliothèque...

YVONNE PRÉPARAIT LE THÉ...

« Mon Dieu!... je n'avais pas rêvé!... C'est vrai!... c'est bien vrai!... »

IV

— Comment?... Vous êtes déjà arrivés?... — s'écria Jacques de Boufflers en apercevant dans le vestibule M. de Gueldre, qui ôtait son pardessus.

— Oui... j'ai pris le chemin de tra-

— Ah !... — fit-elle contrariée.

Yvonne, qui préparait le thé, accourut au-devant d'elle demandant :

— Eh bien ?... avez-vous fait un bon voyage ?...

Madame de Gueldre répondit distraitement :

— Très bon... et vous ?...

— Oh ! nous !... — cria Faucher occupé à se frictionner le bras — nous avons eu une épouvantable traversée... ça ne peut pas s'appeler autrement !... Une humidité qui vous pénètre jusqu'au plus profond... il y a de quoi attraper le coup de la mort !... Dans ce moment-ci, je sens dans chacun de mes os une sensation atroce !... C'est comme si, avec un fer froid, on me labourait la moelle !...

Ordinairement la description fantaisiste des innombrables maladies de Faucher faisait rire la marquise. Comme elle restait silencieuse, l'œil vague, regardant sans voir, Yvonne demanda :

— Vous êtes fatiguée, n'est-ce pas, Madame ?...

Elle répondit, rappelée à elle-même :

— Mais non... pourquoi ?...

— Parce que vous avez une drôle de tête !... — dit Faucher — une tête pas du tout naturelle...

Décontenancée, elle murmura :

— Moi ?...

Mais M. de Gueldre dit, s'adressant à Faucher :

— Tu sais bien que Liane est comme ça chaque fois qu'elle se lève de bonne heure... Laisse-là donc tranquille !...

— Elle se reposera, et demain matin il n'y paraîtra plus !... — dit madame de Chavannes.

La marquise se récria :

— Je me reposerai ?... Demain ?... oui ! joliment !... Je pars pour Paris demain matin !... Il faut que je sois à une heure impossible à Vannes !...

— Ah !... c'est vrai !... — fit le marquis — je l'avais oublié !...

Et il ajouta, après un instant de réflexion :

— Vous n'avez pas besoin de moi pour vous aider à surveiller les travaux?...

— Oh !... pas du tout !... Je ne vais d'ailleurs pas là-bas pour surveiller les travaux... mais seulement pour enlever différents bibelots de ma chambre et de l'atelier, parce que je ne veux pas que les concierges y touchent !... Si on avait pu attendre pour faire ces changements ?...

M. de Gueldre répondit :

— C'est impossible !... L'architecte m'écrit que si on ne commence pas tout de suite, le mur peut se lézarder...

— Va-t'en donc... et couche-toi !... Tu n'en peux plus !... — conseilla madame de Chavannes.

La marquise ne demandait qu'à s'en aller. Non pas pour se coucher, elle n'avait pas sommeil, certes, mais pour être enfin délivrée de cette contrainte qui l'étouffait.

En traversant le petit salon qui précédait sa chambre, son regard rencontra une photographie de Bernard de Mons, et elle pensa :

« La « passionnette »... qui doit venir à son heure... Est-ce que ce serait ça ?... »

Rentrée enfin chez elle, accablée de caresses par Toc et Vlan, tout surpris de sa froideur, elle comprit qu'elle n'avait en ce moment qu'une pensée, qu'une idée fixe : revoir M. de Guibray !... Ainsi, ce monsieur qu'elle connaissait à peine la veille, tenait maintenant la première place dans sa vie !... Et comment avait-il pris cette place ?... Était-ce en l'éblouissant par son esprit ou en lui révélant une âme exquise ?... C'était tout simplement en faisant ce qu'il eût fait avec une fille !... Cela surtout paraissait à Liane fantastique et monstrueux !

Au jour, elle s'endormit, le cœur inquiet et le corps brisé, se répétant comme seule consolation :

« Enfin, heureusement je pars !... »

En arrivant à la gare de Vannes,

M. de Gueldre, qui accompagnait sa femme, s'écria :

— Tiens !... Guibray !... Qu'est-ce qu'il fabrique ici ?...

— Monsieur de Guibray ?... — répéta Liane sans même savoir ce qu'elle disait.

Et il était venu ! Elle allait être obligée de lui parler ! Elle se demandait toute décontenancée :

« Quelle tête vais-je faire ?... »

Et aussitôt cette pensée lui vint :

« Elle doit être jolie, ma tête !... »

LE VICOMTE SEMBLAIT TRÈS ABSORBÉ...

Elle se souvenait maintenant que la veille, à Elven, elle avait raconté qu'elle partait ce matin par l'express, et que le vicomte lui avait dit qu'il viendrait la saluer à la gare. Croyant à une plaisanterie, elle n'y avait pas pris garde.

En se levant, pâle et les yeux battus, elle s'était trouvée laide, et l'idée d'être trouvée laide par M. de Guibray lui paraissait insupportable. Le vicomte semblait très absorbé dans la contemplation de la bibliothèque de la gare. Ce fut M. de Gueldre qui le héla.

Il arriva, souriant, et Liane, retrouvant son sang-froid, lui dit tout de suite :

— Allez-vous être longtemps absente ?...

— Non ! cinq ou six jours seulement !... Je ne veux pas laisser madame de Chavannes seule... Si je n'avais pas été absolument obligée d'aller à Paris cette

— Comment ! Vous êtes venu, vraiment ?... Je ne croyais pas que vous aviez parlé sérieusement ?...

Il répondit, sans qu'on pût savoir exactement s'il plaisantait :

— Je parle toujours sérieusement, Marquise !...

Et, s'informant d'un ton poliment indifférent :

semaine pour des arrangements de maison...

Comme le marquis regardait attentivement le train qui entrait en gare, M. de Guibray enveloppa Liane d'un regard caressant, en répondant du même ton indifférent et tranquille :

— Oh !... d'autant plus que Paris... par cette chaleur...

Sous le regard du jeune homme, madame de Gueldre avait senti qu'elle rougissait. Elle chercha à continuer la conversation, mais s'entendant balbutier, elle pensa :

« J'aime mieux me taire!... Je dirais quelque bêtise... »

Et regardant le vicomte qui, à présent, causait aimablement avec son mari :

« On voit bien qu'il a l'habitude de ces situations-là, lui !... »

Quand le train partit et qu'elle cessa d'apercevoir M. de Guibray qui, immobile sur le quai, la saluait une dernière fois, elle regretta de n'être pas restée à Kildare. Il lui sembla qu'elle fuyait le bonheur.

Et pendant les longues heures que dura cet interminable trajet, elle essaya vainement, non pas même d'analyser — elle était incapable d'aucune analyse — mais de comprendre ce qui se passait en elle.

Elle qui si souvent avait ri du grotesque *coup de foudre*, auquel d'ailleurs elle ne croyait pas !... Était-ce donc cela le coup de foudre ?... Non !... Elle n'aimait pas, elle ne pouvait pas aimer !... Quand on aimait, on voyait sans doute en beau celui qu'on aimait ?... On se plaisait à l'idéaliser, on lui attribuait toutes les supériorités ?... Elle, au contraire, distinguait mieux que jamais les travers de M. de Guibray. Elle le jugeait tel qu'il était, croyait-elle, et elle le jugeait sans indulgence.

Et, profondément blessée de la façon dont il l'avait traitée, elle lui pardonnait cependant ! Elle eût voulu ne jamais le revoir et elle s'avouait que, pour le revoir, elle irait n'importe où et ferait n'importe quoi !... Enfin, elle sentait, et cela pour la première fois de sa vie, qu'elle n'était plus maîtresse d'elle-même, et se considérant avec l'extrême sincérité qu'elle apportait en toutes choses, elle se trouvait profondément bête et ridicule.

Le lendemain matin, éveillée par les ouvriers, elle se leva à neuf heures. La fenêtre de sa chambre ouvrait sur l'avenue de l'Impératrice, et elle fut étonnée de la quantité de cavaliers qu'elle voyait passer. Elle ne croyait pas qu'il y eût encore quelqu'un à Paris au mois d'août. Et tout de suite elle pensa :

« Je vais aller faire un tour au Bois, ça me secouera... et j'ai besoin de ça !... »

Elle habitait tout près du Bois. Elle fut en quelques minutes à l'Allée-des-Poteaux, qu'elle longea en prenant le petit sentier des piétons.

Un cavalier venait au galop à sa rencontre. Il arrêta brutalement son cheval, qui s'écrasa en étoile au milieu de l'allée. Puis, lâchant les rênes et levant les bras au ciel, le monsieur s'écria d'un air abruti d'étonnement :

— Madame de Gueldre !... Ah çà ! qu'est-ce que vous avez donc fait, qu'on vous envoie en pénitence à Paris ?...

La marquise prit son lorgnon et reconnut le baron de Juvisy. Elle n'aimait pas beaucoup ce gros garçon, un peu ivrogne et horriblement mal élevé; pas méchant au fond et plein d'esprit, mais très grossier, malgré son origine, ses relations, son chic et ses innombrables bonnes fortunes.

Lorsqu'elle était très jeune et tout à fait inexpérimentée, Juvisy qui la trouvait gentille et lui faisait la cour, l'avait compromise autant qu'il l'avait pu, s'amusant à afficher cette petite femme que le monde lui donnait pour maîtresse, alors qu'il lui avait à peine baisé le bout des doigts. Quand elle s'était aperçue de ce qui se passait, madame de Gueldre avait dit durement et crûment à Juvisy ce qu'elle pensait de cette façon de faire, l'invitant à venir chez elle le moins possible.

Depuis ce temps, il y avait dix ans de cela, le gros Juvisy ne se souvenait plus de l'aventure, mais Liane, elle, se la rappelait comme au premier jour.

Elle passait sans s'arrêter. Il fit entrer son cheval dans le taillis, et regardant madame de Gueldre d'un air convaincu :

— Mâtin ! ! ! vous êtes toujours jolie, vous !...

— Et vous toujours aussi mal élevé !...

— Oh !... des gros mots !... Voyons, chère petite Madame, dites-moi un peu ce que vous faites à Paris par trente degrés de chaleur ?...

— Je suis ici pour surveiller des travaux qu'on commence dans la maison !...

— Ah ! non !...

— Comment, « ah ! non ? »

Juvisy se mit à rire :

— C'est bien usé, vous savez, le coup des travaux à surveiller !... On a remplacé ça, d'abord, par le dentiste !... Oui... les petites femmes qui, pendant l'été, avaient le désir — bien légitime d'ailleurs — de venir à Paris en garçon, se découvraient une dent à faire arranger...

Et comme la marquise faisait un mouvement, il continua :

— Mais c'est devenu vieux jeu aussi, la dent !... A présent, c'est l'Institut Pasteur qui sert de paravent !... Toutes les jolies femmes ont plus ou moins un petit chien, n'est-ce pas ?... Eh bien, elles se font mordre par le petit chien, s'il est de bonne volonté, sinon elles se mordent elles-mêmes et on les expédie à Paris dans les quarante-huit heures !... Ça, c'est le dernier cri du prétexte !...

Liane, énervée, mâchonnait sans répondre une petite feuille qu'elle venait de cueillir. Juvisy reprit :

— Vous ne me ferez pas croire que

LE BARON DE JUVISY.

vous vous amusez à la campagne ?... Il est tout naturel qu'une femme comme vous fasse de temps à autre une petite fugue... et on ne peut vraiment pas lui en savoir mauvais gré... Le Paris du mois d'août n'est, d'ailleurs, ni si embêtant ni si désert qu'on veut bien le dire... Vous allez voir que vous y retrouverez des amis ?...

Il s'arrêta un instant et ajouta d'un air malin :

— Mons, par exemple!... Il est revenu de Deauville hier !...

Avec cette finesse particulière aux amoureux évincés qui flairent leurs successeurs et redoutent — c'est une simple question d'amour-propre — de les voir réussir où eux ont échoué, Juvisy avait remarqué que Bernard, un an plus tôt, recherchait toutes les occasions de rencontrer madame de Gueldre ; qu'ensuite, il l'évitait avec le même soin qu'il mettait auparavant à la rejoindre ; qu'en même temps qu'elle, il avait quitté Paris, et qu'il y rentrait en même temps qu'elle. Il n'en fallait pas davantage pour qu'il affirmât, de la meilleure foi du monde, que Liane était la maîtresse de Bernard.

Madame de Gueldre comprit ce qui se passait dans son esprit et, cinglée par ce soupçon, elle allait répondre, quand Juvisy s'écria joyeusement :

— Et justement le voilà, ce bon Bernard !...

A la vue de Liane, M. de Mons qui passait dans l'allée s'arrêta, et entrant aussi sous bois.

— Comment?... Vous êtes à Paris, Madame ?...

Sans laisser parler la marquise, Juvisy répondit :

— N'est-ce pas?... Ça semble bizarre de voir ici, par ce temps, madame de Gueldre qui déteste si fort la chaleur ?... Je lui demandais précisément à quelle cause je devais le plaisir de l'avoir rencontrée ?... Mais il paraît que ma demande était indiscrète... car elle y a répondu en me racontant des couleurs...

Liane pâlit comme cela lui arrivait quand elle était vraiment en colère. Juvisy sentit qu'il était allé un peu loin. Il fit reculer son cheval et, saluant, s'éloigna en criant à Bernard :

— Peut-être serez-vous plus heureux que moi ?...

M. de Mons connaissait bien la marquise. Il la devina énervée, prête à pleurer. Les cils battants, les lèvres tremblantes, elle écrasait du bout de son pied une touffe d'herbe, évitant de laisser voir en ce moment son visage. Il demanda doucement, en riant :

— Je suis sûr qu'il a encore fait quelque sottise, cet animal ?...

Madame de Gueldre se mit à rire aussi. Bernard continua :

— Est-ce que vous êtes à Paris pour longtemps ?...

— Non... pour quelques jours...

Deux mois plus tôt, rencontrant M. de Mons dans les mêmes conditions, elle lui eût certainement dit : « Venez donc déjeuner ou dîner avec moi ?... » Elle n'osa pas. Depuis l'explication qu'ils avaient eue ensemble au moment de son départ, elle se sentait mal à l'aise avec lui.

Il reprit :

— Vous ne savez pas?... La semaine passée, j'ai failli aller tout près de vous?...

— Où donc ?...

— Chez les Montreu... Montreu, que j'ai rencontré aux courses de Deauville, voulait absolument m'emmener...

— Et pourquoi n'êtes-vous pas venu ?...

Mais, tout de suite, craignant la réponse de Bernard, elle continua :

— Vous avez bien fait d'ailleurs !... Vous ne vous amuseriez pas du tout là-bas!... Vous êtes trop à la tête du mouvement mondain pour aller vous enterrer, ne fût-ce que deux jours, au fond de la Bretagne...

Bernard parut contrarié.

— Ce n'est pas gentil à vous de me dire ça!... Car je sais votre dédain pour ce que vous appelez le « mouvement mondain », et surtout pour ceux qui le mènent ?... Mondain ?... parce qu'on me voit partout, n'est-ce pas ?... parce que j'irai cet hiver à Nice, pour le carnaval, et que je viens de passer « la grande semaine » à Deauville ?... Parce que, écœuré de tout ce que je connais, et privé de ce que je voudrais connaître, je me secoue tant que je peux ?... Vous ne comprenez pas, vous, qu'on ait le désir de se secouer ?...

— Si !... — dit Liane, distraite, et qui songeait que, depuis le matin, elle comprenait ce désir-là.

M. de Mons la regarda attentivement et demanda :

— Est-ce que vous avez du chagrin, dites ?...

— Non !... Pourquoi du chagrin ?...

— Mais, d'abord vous venez de me répondre un « si » que j'ai trouvé très... vécu... Ensuite, vous n'avez pas la frimousse gaie que je suis habitué à vous voir... Vous n'êtes pas ce matin « le bon garçon » que nous connaissons ?...

Elle semblait embarrassée. Il reprit :

— Oh !... soyez tranquille !... Je ne vais pas jouer les Juvisy !... Au revoir, Madame !...

Il s'inclina pour prendre la main qu'elle lui tendait. Et elle eut, en le regardant, la perception très nette que dans l'œil moqueur qui se posait sur elle, il y avait mille fois plus de tendresse et de chaleur que dans l'œil caressant de M. de Guibray.

Elle comprit que Bernard l'aimait vraiment, tandis que l'autre avait à peine pour elle un caprice. Mais elle comprit aussi que c'était l'autre qu'elle allait aimer. Elle eut envie de crier la vérité à M. de Mons, de lui tout avouer, tout, quelque honte qu'elle en dût éprouver. Il lui avait dit : « Vous n'aurez jamais de meilleur ami que moi. » Elle savait bien que, ce jour-là comme toujours, il disait vrai, et elle avait en lui une confiance absolue. Elle fit un mouvement pour retenir la main qu'elle sentait devenir moite dans la sienne, mais à ce moment Juvisy revenait, allant vers Paris.

Bernard lui cria :

— Attendez-moi, je rentre avec vous !...

Et, saluant rapidement la marquise, il fila au grand trot.

Madame de Gueldre revint chez elle plus hésitante et plus troublée encore que le matin. Elle surveilla le déplacement de ses bibelots ; vérifia les plans et les devis de l'architecte, et se mit à peindre. Elle comptait profiter de ces quatre ou cinq jours de solitude pour finir une toile promise au curé de Kildare. Mais elle constata bien vite qu'il lui était impossible de travailler. Au lieu d'être là, sa pensée l'emmenait bien loin... dans la vieille auberge du bourg. Elle revoyait la salle triste et noire... la petite bonne apportant les roses toutes trempées de pluie ; madame de Chavannes, souriante et aimable, dans sa jolie toilette claire ; Faucher grognant sans désemparer, de l'arrivée au départ ; les lampes fumantes ; Jacques grimpé sur son bahut ; Lagardy crotté... et surtout M. de Guibray... M. de Guibray lui disant d'une voix câline :

« Je ne trouve pas, moi, que cette partie soit manquée !... Je me suis beaucoup amusé ! »

Et ce retour en voiture... la nuit !... Comment avait-elle pu supporter d'être traitée ainsi ?... Comment ne s'était-elle pas révoltée à l'instant, avant même d'avoir le temps de comprendre ?...

A ce souvenir qui la remuait toute, elle se leva et fit quelques pas dans l'atelier. Puis brusquement elle sonna et écrivit :

« *Marquis de Gueldre. — Château*
» *de Kildare,*
» VANNES
(MORBIHAN.)

» Envoyez voiture au train demain matin. Je pars ce soir.

» LIANE. »

V

Le jour même du retour de Liane, M. de Guibray vint à Kildare pour s'entendre avec le marquis au sujet d'une chasse. Madame de Gueldre était seule dans la bibliothèque. Son mari avait emmené en mer Jacques, Yvonne et

ELLE CONSTATA QU'IL LUI ÉTAIT IMPOSSIBLE DE TRAVAILLER.

Faucher, et madame de Chavannes venait de partir avec son fils pour aller faire une visite aux Montreu.

Le jeune homme parut surpris de trouver la marquise, et elle balbutia de vagues explications pour motiver son brusque retour.

Il fit une visite banale et correcte, sans aucune allusion à ce qui s'était passé, et se contenta de regarder deux ou trois fois madame de Gueldre avec un peu plus d'insistance que la stricte politesse ne l'eût permis.

En la quittant, il lui baisa la main et lui dit :

— Vous avez vraiment, Marquise, les plus jolis bras qui se puissent voir !...

Cette façon de l'appeler « Marquise » horripilait Liane, qui trouvait que c'était rastaquouère ou parvenu. Voyant en Bretagne très peu de monde, et presque uniquement des Parisiens en villégiature, elle ignorait que c'était là tout bonnement une habitude provinciale.

Au moment de sortir, M. de Guibray s'arrêta, demandant:

— Si vous le permettez, je viendrai vous voir quelquefois, Marquise ?... On vous trouve presque toujours à cette heure-ci, n'est-ce pas ?...

Elle répondit :

— Toujours !...

Quand le vicomte fut parti, elle se demanda ce que signifiait son attitude ?... Avait-elle donc rêvé ?... Mais, en admettant qu'elle eût rêvé l'incident de la voiture, elle n'avait rêvé ni l'adieu à la gare, ni le regard si doucement caressant qui accompagnait cet adieu.

Pendant un mois, M. de Guibray vint assez souvent la voir, et toujours sa correction de tenue et de langage fut la même. A peine quelques compliments absolument insignifiants, et une irritation, visible pour elle seule, quand il trouvait auprès d'elle, ou madame de Chavannes, ou Jacques, ou Faucher. Quelquefois, le vicomte faisait à Liane trois ou quatre visites coup sur coup, puis partait pour un déplacement de chasse, et restait huit jours sans se montrer. Et elle ne sortait plus du tout et passait des journées entières à l'attendre, les yeux fixés sur l'avenue par laquelle il arrivait. Ce qu'on pouvait penser de ce changement d'habitudes, elle ne se le demandait pas ?... Elle aimait M. de Guibray, elle voulait le voir !... Tout le reste lui était égal !

Et cependant, elle était certaine maintenant que le vicomte n'éprouvait même pas pour elle le caprice auquel elle avait cru d'abord. A chaque instant, il disait mille choses qui prouvaient qu'elle ne comptait pour rien dans sa vie. Il lui parlait continuellement de la chasse, la seule passion qu'il eût, disait-il, oubliant le monde qu'il adorait comme on ne l'adore guère qu'à vingt ans. Souvent aussi, il répétait à Liane, qui l'écoutait en souriant lorsqu'elle avait envie de pleurer : « Quand je me marierai... » ou « Si le mariage qui est en train réussit... »

Persuadée qu'elle n'était pour lui qu'une relation agréable, bonne seulement à l'aider à passer, quand il n'avait pas mieux, les si longues journées de campagne, elle se résignait à ce rôle incolore, heureuse de le voir sans espérer davantage. Mais fière à sa façon et profondément délicate, elle s'appliquait de toutes ses forces à ne pas lui laisser voir l'affection qu'elle éprouvait pour lui. Elle le jugeait assez satisfait de lui-même et pas du tout timide ; un peu gâté aussi par la vie de province, où les succès sont si faciles pour ceux qui occupent le premier plan. Certes, il était intelligent, très intelligent même, mais pas d'esprit assez supérieur pour s'élever au-dessus des petites flatteries et des petites intrigues. Son souci de l'effet à produire, sa préoccupation constante du qu'en dira-t-on, sa soumission servile aux préjugés et aux convenances, heurtaient sans cesse la nature si complètement différente de madame de Gueldre. Et malgré tout, elle s'attachait chaque jour davantage à celui qu'elle regardait pourtant avec des yeux impitoyablement clairvoyants.

Et, à ce sentiment, né en somme d'un simple contact, rien de sensuel ne se mêlait plus ! Liane aimait à présent de toute son âme, et de toute son âme seulement.

Le peu qu'elle avait appris de ce qu'on appelle « l'amour » ne lui avait pas laissé de bien vibrants souvenirs, et elle s'était faite sans regret à sa vie absolument chaste.

Le premier jour, en s'apercevant qu'elle aimait, mille frissons inconnus l'avaient remuée et elle eût voulu, à cet instant, se donner tout entière. Mais la froideur tranquille de M. de Guibray, en lui indiquant qu'elle faisait fausse route, avait en même temps calmé les sensations qui s'éveillaient en elle confusément.

A la fin de septembre, madame de Chavannes et ses enfants partirent et il ne resta plus à Kildare que Jacques et Faucher. Liane fut presque toujours seule, et les visites de M. de Guibray devinrent plus fréquentes.

Un jour, il arriva à cheval tout de suite après le déjeuner. En sortant des Aulnes pour faire sa promenade habituelle, il avait aperçu le marquis, Jacques de Boufflers et Faucher, qui filaient en phaéton sur la route de Vannes. Liane, seule dans le grand hall, lisait. Elle n'attendait pas le vicomte aussitôt, et son cœur battit de joie en le voyant entrer.

Il s'assit à quelques pas d'elle et commença à causer. Mais il paraissait distrait, préoccupé, et, comme madame

ELLE PASSAIT DES JOURNÉES ENTIÈRES A L'ATTENDRE...

de Gueldre l'écoutait, accoudée, le menton posé sur sa main, dans une pose attentive, il s'écria tout à coup :

— Ne bougez pas !... Vous êtes ravissante comme ça !...

ACCOUDÉE, LE MENTON POSÉ SUR SA MAIN...

Elle se mit à rire, et inconsciemment changea de pose.

Il se leva, et, venant près d'elle, prit le bras qu'elle avait laissé retomber et l'embrassa lentement, effleurant à peine de ses lèvres les petites veines bleues qui couraient sous la peau nacrée.

Liane voulut retirer son bras, mais le vicomte retint solidement la main serrée dans la sienne, et relevant la large manche de la blouse de crêpe de Chine, fit monter ses baisers jusqu'à l'épaule nue. Puis s'asseyant sur le divan à côté de la marquise, il l'attira doucement à lui, et, tout à coup, brusquement, colla sa bouche sur la bouche fraîche qui un instant s'abandonna franchement. Mais, très vite, Liane un peu pâle retira ses lèvres. En recevant ce premier baiser, elle venait de comprendre que, alors qu'elle se donnait toute, lui ne se donnait pas du tout. Et quand, les tempes battantes et la gorge sèche, elle leva sur M. de Guibray ses yeux tout pleins d'amour, elle vit que, redevenu parfaitement maître de lui et correct, il s'apprêtait à partir.

Déjà attachée plus étroitement à lui par cette seule caresse, inquiète de penser qu'il allait la quitter, elle lui demanda craintivement, sans même oser le regarder :

— Quand est-ce que je vous reverrai ?...

Il répondit :

— Mais je ne sais pas !... Peut-être demain ou après-demain !...

Et il ajouta en lui baisant cérémonieusement la main :

— Au revoir, Marquise !...

Elle regarda la porte par laquelle il venait de sortir, et le côté blagueur de sa nature reprenant le dessus, elle murmura en riant, tandis que les larmes qu'elle avait eu tant de peine à retenir roulaient enfin, rondes et énormes, sur ses joues :

— Ben, vrai !... il aurait pu me faire grâce de ce « Marquise »-là !...

Le lendemain, M. de Guibray ne vint pas à Kildare, et Liane, fiévreuse, les pommettes trop roses et les mains brûlantes, passa toute la journée à l'attendre, tressaillant chaque fois qu'une porte s'ouvrait ou qu'un pas faisait crier le sable.

Le soir, au dîner, elle s'emporta pour une bêtise contre Jacques. Et Faucher, la regardant avec étonnement, demanda :

— Ah çà !... Est-ce que vous vous aviseriez d'avoir des nerfs, à présent ?...

Au bout de deux ou trois jours, le vicomte reparut. « Il était allé — dit-il — aider Damartin à tuer ses derniers perdreaux. »

Comme la dernière fois, il trouva madame de Gueldre seule, mais il fut d'une réserve parfaite, se contentant de la regarder tendrement. Et elle, ne sachant que penser de ces alternatives bizarres d'affection et de froideur, en vint à souhaiter son départ.

Souvent il revint, et les choses se passèrent de même. Plus triste après chaque visite, Liane se disait :

« Il ne m'aime pas !... pas du tout !... »

Un soir de chasse, il y eut à Kildare un dîner assez nombreux. Déjà les soirées étaient froides et on avait allumé dans le salon et dans la salle à manger de grands feux de bourrées. Quoiqu'elle fût décolletée, la marquise étouffait.

— Vraiment, ma chère enfant... — lui dit la baronne de Lassigny, la voyant respirer avec effort — vous devriez ouvrir... ou faire un tour sur la terrasse... Vous allez vous rendre malade...

La petite de Montreu protesta :

— Ouvrir... par ce froid ?...

— Vous avez raison — dit Liane à la baronne — je vais marcher un peu !...

Elle sortit sur la terrasse. La nuit était superbe et elle apercevait de tous côtés les petites lueurs des cigares, les fumeurs ayant préféré le parc au billard.

Elle descendit les marches de la terrasse, et prit au hasard une allée, voulant faire quelques pas seulement en pensant à « Jean », et puis rentrer.

Elle s'arrêta tout à coup, émue et joyeuse, en entendant à côté d'elle la voix de M. de Guibray qui demandait :

— Marquise ?... Voulez-vous que je vous offre mon bras ?...

Sans répondre, elle posa sa main sur le bras du vicomte. Et aussitôt une pluie de baisers tomba sur ses cheveux, sur ses épaules et sur ses yeux. Alors, affolée, enhardie aussi par l'obscurité profonde, elle noua ses bras autour du cou de Jean, et, cherchant ses lèvres, y attacha éperdument sa bouche.

Et elle eut cette joie de croire, pendant un instant, qu'il était heureux de ses caresses. Il avait appuyé sa tête sur l'épaule de madame de Gueldre et il restait là, se serrant frileusement contre elle, et murmurant d'une voix affaiblie des mots qu'elle n'entendait pas, mais qu'elle devinait très doux.

Ce fut lui, cependant, qui rappela à Liane que son absence pouvait être remarquée si elle se prolongeait. Mais elle ne s'aperçut pas de cette présence d'esprit. Et quand elle rentra, les joues roses et les yeux brillants, elle avait pour la première fois un peu d'espoir.

Cet espoir fut vite déçu. Au bout de trois ou quatre jours, voyant que le vicomte ne paraissait pas à Kildare, elle se décida à dire, de l'air le plus indifférent qu'elle put prendre :

— Il me semble qu'il y a longtemps que monsieur de Guibray n'est venu ?...

Jacques de Boufflers répondit :

— Guibray ?... Parbleu !... Il est parti avec Lagardy pour trois semaines !... Ils sont chez une cousine de Lagardy, en Poitou... pour chasser au marais... soi-disant !...

VI

Liane fut atterrée.

Ainsi il était parti ! Parti au lendemain du jour où elle lui avait avoué si sincèrement qu'elle était à lui ! Parti sans un mot, sans un souvenir ? Alors elle espéra une lettre qui ne vint pas. Quand il était aux Aulnes, Guibray écrivait à la marquise pour un oui ou pour un non, et cette fois rien, pas une ligne pour annoncer son départ ou son retour. Non seulement il ne l'aimait pas, mais encore il ne devinait pas combien il était aimé. Car elle ne voulait pas supposer qu'il l'eût deviné. Dans ce cas, l'insouciance du jeune homme devenait de la méchanceté, et elle ne le croyait pas méchant, mais seulement profondément égoïste et léger.

D'ailleurs elle ne passait pas ses longues heures de tristesse à ressasser ses impressions. Elle ne les analysait pas. Elle aimait, voilà tout !... Et elle se répétait avec une douloureuse franchise :

« Je l'aime !... Je l'aime !... Et pourquoi ?... »

Pourquoi, en effet, aimait-elle le vicomte, si absolument différent d'elle et de tout ce qui habituellement lui plaisait ? Elle n'en savait rien, en vérité ! Cet amour étrange était venu comme une maladie prise on ne sait où, et d'autant plus terrible qu'elle est inexplicable. Souvent elle pensait à la prédiction de M. de Mons :

« Elle viendra, la passionnette !... — avait-il dit — et peut-être étrangement banale !... Sans que vous sachiez pourquoi ni comment, vous vous éprendrez du premier venu, qui, probablement, ne sera capable ni de vous comprendre, ni même de vous aimer... »

Les jours se traînèrent, horriblement longs. Madame de Gueldre, sans être précisément malade, pâlissait et devenait irritable et nerveuse. Faucher, qui d'abord l'avait taquinée sur son changement de caractère, finit par s'apercevoir qu'elle souffrait. Curieux comme une vieille fille, ou mieux, comme un vieux garçon, il chercha à connaître la cause de cette souffrance. Mais Liane resta impénétrable, affirmant qu'elle n'avait jamais été mieux portante et plus heureuse. Alors, il tâcha de la distraire

ELLE NOUA SES BRAS AUTOUR DU COU DE JEAN...

ou de l'ennuyer même au besoin, pour l'empêcher de penser. En bon égoïste, il n'aime pas les tristes, et la vue de ce petit visage aminci et sans sourire l'offusquait. Il digérait moins bien quand les repas n'étaient pas égayés par le rire clair de la marquise.

Très observateur et très perspicace, il avait cru remarquer que le changement de Liane datait du départ de M. de Guibray. Mais il ne s'était pas un instant arrêté à ce soupçon. Il pensait : « C'est pas possible !... Ce garçon-là, c'est tout le contraire de son type !... »

— Je viens de voir le père Jardane — dit un matin le marquis en se mettant à table — il est furieux contre son neveu !...

— Pourquoi?... Il fait trop la noce?... — demanda Faucher, toujours bienveillant.

— Non... ou du moins je n'en sais rien, il ne me l'a pas dit... Le pauvre bonhomme se plaint seulement de ce que Guibray le laisse seul aux Aulnes, où il s'embête à crier!... Je crois que quand il sera revenu... s'il revient jamais, il sera à l'attache pour quelque temps, ce bon Guibray!...

Jacques demanda :

— Mais je ne vois pas trop de quel droit l'oncle Jardane peut empêcher Guibray, qui a trente-cinq ans, de se balader si bon lui semble...

— Tu as raison!... Il ne peut pas l'empêcher d'aller où bon lui semble... mais il peut lui couper les vivres...

— Et alors, plus de noce!... — observa Faucher, qui tenait à son idée !

Cette conversation mettait madame de Gueldre au supplice. Non pas qu'elle lui apprît rien qu'elle ne sût déjà, mais parce qu'elle se sentait troublée chaque fois qu'on parlait de Guibray devant elle et qu'elle s'imaginait que tout le monde apercevait ce trouble.

Aujourd'hui, elle désespérait même de jamais revoir Jean!... Elle ne l'attendait plus ! Elle avait repris sa vie active, ses longues courses à travers la lande et ses promenades en mer.

Un jour, en rentrant, elle entendit sonner la grosse cloche d'appel.

« Patatras!... une visite!... — pensa-t-elle — si je ne rentrais pas?... »

Mais déjà un domestique accourait au-devant d'elle. Agacée, elle demanda :

— Qu'est-ce que c'est?...

— C'est monsieur le vicomte de Guibray qui attend madame la marquise...

Elle s'arrêta court, les jambes molles et le cœur serré. Et, s'asseyant brusquement sur le talus gazonné :

— Dites que je viens!... Je me repose un instant...

Puis, voulant expliquer cette défaillance :

— J'ai marché trop vite en entendant la cloche...

Elle revint lentement, comprenant bien qu'elle allait à la rencontre de nouvelles tristesses, mais ne songeant pas à les écarter pendant qu'il en était encore temps.

M. de Guibray l'attendait dans un petit salon.

Souriant et correct, il vint à sa rencontre, et, lui baisant galamment la main :

— Savez-vous bien, Marquise, qu'il y a très longtemps que je ne vous ai vue?...

Elle répondit :

— Il y a vingt-six jours!...

— Le temps m'a paru très long!...

— Et à moi?... — murmura-t-elle, tandis que des larmes remplissaient ses yeux.

Toujours souriant, il continua :

— A présent, me voilà revenu pour tout de bon!... Mon oncle ne veut plus me lâcher !...

— C'est moi qui vais bientôt partir !...

M. de Guibray fit un bond et son visage se rembrunit. Il était évident que ce départ contrariait tous ses projets. Il répondit :

— Partir?... dans deux mois ?...

— Non... dans quinze jours ou trois semaines...

— Mais, qu'est-ce que vous ferez à Paris?... Il n'y à personne !...

— Ça m'est bien égal !...

— C'est vous qui voulez partir ?...

— Oh !... pas du tout !... c'est Henry qui fixe les dates !... Nous partons d'ailleurs toujours à la même époque !...

Il la regarda.

— Vous êtes jolie !...

Elle haussa les épaules.

— On a dû vous le dire bien souvent?...

Voyant qu'elle ne répondait pas, il reprit :

— Et ça doit vous être bien indifférent que, moi, je vous le dise?...

Elle le regarda à son tour se demandant :

S'il croit que ça m'est indifférent, quelle idée a-t-il donc de moi?...

Et elle dit :

— Non... Ça ne m'est pas indifférent!...

Il lui prit la main.

— C'est précisément, si vous êtes sincère, ce qui m'étonne?... Vous, si adulée, si remarquable...

— C'EST MONSIEUR LE VICOMTE DE GUIBRAY...

— Aïe!... lui aussi!... — murmura involontairement la marquise.

— Qu'est-ce que vous dites?...

— Rien... je vous écoute !...

— Eh bien, je me demande comment il est possible que vous, si lancée, si admirée, vous soyez gentille pour moi comme vous l'êtes... car enfin, vous avez dû...

Comme il s'arrêtait, Liane pensa tristement :

« Il croit que je suis une femme qui se distrait... et il cherche un moyen d'exprimer poliment son idée... »

M. de Guibray continua :

— Oui... je vous suis très reconnaissant, je vous assure!... Vous êtes charmante, si simple...

— Parce que je ne me gobe pas?... Est-ce ça que vous voulez dire?...

— Que vous êtes drôle !...

— Oui... — dit madame de Gueldre en riant d'un rire qui sonna un peu faux — Je suis drôle!... C'est mon emploi, paraît-il !...

Jean se pencha vers elle et la prit dans ses bras.

Elle s'abandonna à lui, heureuse, tandis qu'il la regardait, répétant :

— Vous avez une bouche adorable !... Jamais je n'ai vu de bouche comme la vôtre !...

Elle se serrait contre lui, engourdie par ses caresses, attendant toujours un mot vraiment bon et tendre, espérant qu'il lui dirait peut-être enfin qu'il l'aimait.

Il ne lui dit pas qu'il l'aimait, mais il s'écria tout à coup :

— C'est horrible de ne vous voir qu'ici... entre toutes ces portes et toutes ces fenêtres!... Je crois toujours que quelqu'un entre...

— Dame !...

— Est-ce qu'il n'y a pas moyen de vous voir autrement?...

— Je ferai ce que vous voudrez?...

— C'est extraordinaire!...

— Qu'est-ce qui est extraordinaire !...

— La façon dont vous êtes avec moi...

— Parce que?...

— Parce que je crois que si, dans ce moment-ci, je vous demandais d'aller à Carpentras, vous iriez?...

— Oui...

— Eh bien, c'est ça qui est inouï!...

— Mais non... puisque je vous aime !...

— Vous m'aimez... pourquoi?...

Pourquoi?... Liane s'était si souvent posé elle-même cette question sans y pouvoir répondre, qu'elle eut sur les lèvres, cette réplique de Gavroche :

— « J'me l'demande!... » — Mais, s'arrêtant, elle dit :

— Ça, je n'en sais rien!... Je vous aime parce que je vous aime!... Je n'explique pas... je constate...

— Mais cela est?...

— Ah oui, certes !...

Il regarda sa montre :

— Il faut que je rentre aux Aulnes, mon oncle m'attendrait...

Elle demanda timidement :

— Est-ce que je vous verrai demain?...

— Non... pas demain... Nous avons du monde...

Quand il fut parti, madame de Gueldre, la tête plongée dans les coussins du divan, sanglota nerveusement.

Le lendemain, Liane voulait parler à un douanier qu'elle avait fait recommander à ses chefs. Il demeurait au bourg de Baden. Quand elle arriva, l'homme était encore de quart et elle l'attendit pendant deux heures.

Lorsqu'elle partit, le jour tombait. Elle marchait vite sur le sol élastique de la lande. Tout à coup, en passant devant le chemin des Aulnes, elle s'arrêta, entendant une voix qui disait avec étonnement :

— Comment!... c'est vous, Marquise?...

Et M. de Guibray, traversant une haie de genêts, demanda :

— Où donc courez-vous si vite la nuit... car il va faire nuit dans cinq minutes ?...

— Je viens de Baden et je rentre pour dîner...

— Vous avez bien le temps!... Vous ne dînez qu'à huit heures...

— Et il est?...

— Six heures et demie... Voulez-vous me permettre de vous accompagner?...

— Oui...

La nuit était venue très vite. Jean marchait tout près de madame de Gueldre, la frôlant à chaque pas. Et elle se sentait heureuse d'être seule avec lui, perdue dans cette grande plaine sombre où apparaissaient, comme de grosses boules plus sombres encore, les touffes de genêts et d'ajoncs. Au loin, on distinguait vaguement la nappe grise de la mer, se détachant en clair sur l'horizon d'un noir d'encre.

— C'est très beau!... — dit Liane, qui s'arrêta.

— N'est-ce pas?... — fit M. de Guibray — moi je trouve ça superbe!... Seulement, je n'ose pas le dire... On se moquerait de moi!...

Elle eut envie de lui sauter au cou. C'était, depuis qu'elle le connaissait, la première fois qu'elle le devinait vraiment sincère. Il montrait en même temps le côté élevé et le côté mesquin de sa nature : son admiration du beau, arrê-

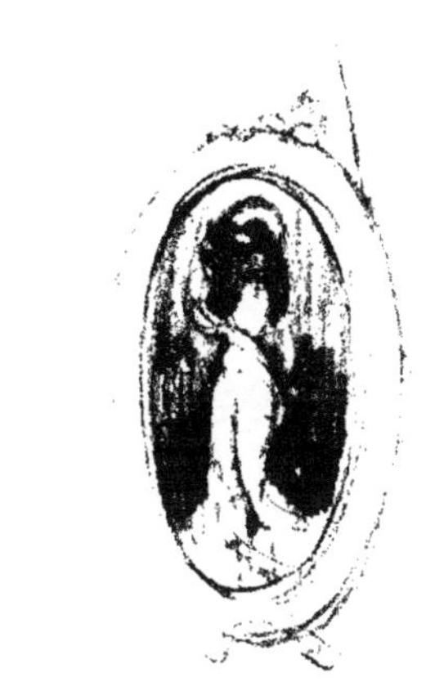

MADAME DE GUELDRE SANGLOTA NERVEUSEMENT.

tée et refoulée par la crainte folle du qu'en dira-t-on.

Machinalement, Liane répéta :

Oh oui... c'est beau !...

De son bras, le vicomte avait entouré les épaules de madame de Gueldre, et il l'amenait ainsi contre lui, toute vibrante d'émotion et d'amour.

Brisée, elle s'assit au bord du chemin, et il s'assit près d'elle, l'appuyant sur son cœur.

Elle crut qu'enfin il comprenait à quel point elle était à lui, et elle s'en réjouit.

Il continua :

— Pourquoi donc, encore une fois, êtes-vous si gentille pour moi?... Jamais... jamais je n'oublierai combien vous avez été gentille...

Elle sourit. Gentille?... Alors, donner tout son cœur, toute sa vie, tout son être... c'était être gentille?...

ON DISTINGUAIT LA NAPPE GRISE DE LA MER...

Ils restèrent là tous deux, la nuit, à un kilomètre de toute habitation, près d'une lande, où pas un Breton ne se hasarde après le coucher du soleil. Mais un oiseau remua dans les genêts et, brusquement, Guibray se leva, inquiet, nerveux, repoussant Liane et disant :

— Quelqu'un !... Voilà quelqu'un !... Venez, ne restons pas là !...

Elle le suivit docilement. Il marcha un instant sans parler, puis tout à coup :

— Savez-vous que vous me rendriez fat si j'avais des dispositions à le devenir ?...

Non ! elle s'était réjouie trop tôt ! Le malentendu continuait.

Il reprit :

— Vous êtes une adorable femme !...

— Bah ! — fit-elle découragée — vous n'en savez rien !... Vous ne me connaissez pas !... Je suis peut-être insupportable, qui sait ?...

— Non... c'est impossible !... Si j'avais eu l'honneur d'être le mari d'une femme comme vous, je ne lui aurais demandé qu'une chose...

— Laquelle ?

— Ne pas m'éclabousser...

IL S'ASSIT PRÈS D'ELLE, L'APPUYANT SUR SON CŒUR.

Des larmes, de colère cette fois, montèrent aux yeux de la marquise. « Éclabousser ?... » Qu'entendait-il donc par là ? Alors, c'était bien vrai, il la prenait pour une femme à aven-

ELLE BAIGNA SON VISAGE A UNE FONTAINE...

tures !... Elle allait protester, mais elle pensa :

« A quoi bon ?... il ne me croirait pas !... »

Elle s'arrêta, et tendant la main à Guibray :

— Au revoir... Je vais vous quitter là !... Voici la grand'route !...

Avant de rentrer, elle baigna son visage à une fontaine et elle fit cette remarque :

« J'ai pleuré depuis deux mois plus que dans tout le reste de ma vie !... »

Puis, se moquant d'elle-même, elle ajouta :

« Et je crois que j'ai fini de rire !... »

VII

Presque tous les jours, M. de Guibray venait à Kildare, ou s'arrangeait pour rencontrer la marquise quand elle se promenait. Il avait pris l'habitude de la voir. Elle meublait sa vie, et il se disait que les journées lui paraîtraient longues lorsqu'elle ne serait plus là. Quant à elle, elle ne pouvait plus se passer de lui et elle voyait avec terreur approcher la date du départ.

Un soir, en la reconduisant jusqu'à l'avenue de Kildare, le vicomte lui dit d'un air inquiet :

— Vous savez qu'on potine sur nous?...

— Ah !... — fit-elle indifférente.

— Et ferme !...

Elle ébaucha un geste qui signifiait :

— Qu'est-ce que vous voulez que j'y fasse ?...

Puis, voyant qu'il la regardait avec étonnement :

— Eh! oui!... Autant je me révolte et je m'indigne contre les calomnies, autant je m'incline devant les blâmes mérités... Ce qu'on dit de moi, cette fois, on a le droit de le dire...

— Mais non ! — cria-t-il — non !...

— Ah !... Qu'est-ce qu'on dit donc ?...

— On dit... on dit... ce qui n'est pas, en somme !...

Liane resta interdite. En effet, elle n'était pas à proprement parler, la maîtresse de M. de Guibray. Mais elle lui appartenait si complètement, elle l'adorait si profondément, elle était si absolument sa chose, qu'elle considérait la faute comme accomplie, et qu'il lui importait peu, pour se juger sévèrement elle-même, que le dernier pas fût ou ne fût pas franchi.

Elle s'avouait que si cela ne dépendait que d'elle seule, les « potins » seraient pleinement justifiés. Malgré sa conviction absolue de n'être pas aimée de Jean, elle éprouvait un désir fou d'être à lui tout de même ; un besoin de souffrir plus qu'elle n'avait souffert encore.

Elle sentait bien qu'elle n'était pour lui qu'une « rencontre » ; qu'elle ne pouvait être que cela. Elle comprenait que sa vie à elle s'achevait dans le sillon creusé depuis quinze ans, alors que lui n'avait pas commencé à vivre de l'existence inconnue qui serait la sienne.

Et, pour l'instant, elle le devinait partagé entre la crainte de l'opinion publique — impitoyable dans ce tout petit pays breton — et la satisfaction d'amour-propre de se savoir aimé d'elle, qu'il ne considérait pas — cela, elle le voyait bien — comme la première venue.

Préoccupée, elle ne parlait pas. Alors Guibray proposa :

— Il serait peut-être prudent de nous voir un peu moins ?...

Et comme elle faisait un mouvement, il ajouta :

— ...Pendant quelque temps ?...

Elle répondit :

— Je pars vendredi !...

— Oh !... non !... pas possible !...

— Si... très possible !...

— Je ne pourrai jamais m'habituer à ne plus vous voir !...

— Que si !...

Il allait protester, elle l'interrompit :

— Vous avez peut-être du plaisir à me voir ?... mais vous vous passerez très bien de moi !... Je vous suis, au fond, assez indifférente...

Il sourit.

— Les femmes ont toujours le merveilleux à-propos d'attribuer aux autres leurs propres sentiments...

Elle le regarda, très convaincue qu'il ne

pensait pas ce qu'il venait de dire. Elle croyait deviner derrière son regard franc, une sorte de finesse matoise et un manque total d'abandon. Elle demanda :

— Vous êtes sûr que vous êtes Breton, vous ?...

Il répondit en riant :

— Mais oui !... pourquoi ?...

— Parce qu'on croirait plutôt que vous êtes Normand !...

Il prit un air fâché.

— Vous savez que c'est très méchant, ce que vous venez de me dire ?... Pourquoi m'avez-vous dit ça ?...

— Je ne sais pas !...

— Enfin, c'est pour une raison quelconque ?...

— Non !... c'est pour l'ensemble !...

— De mieux en mieux !...

Liane demanda :

— Quand je serai partie, me donnerez-vous quelquefois de vos nouvelles ?...

— Mon Dieu !... si vous le voulez ?... Mais c'est bien imprudent d'écrire !... C'est toujours comme ça qu'on se fait pincer !... Pourquoi riez-vous ?...

— Parce que je pense à quelque chose...

— A quoi ?...

— A la Normandie... qui est un beau pays !... le pays des pommes... et de la prudence !...

— Encore !... D'ailleurs, pourquoi voulez-vous avoir de mes nouvelles ?... Vous ne penserez plus à moi dans huit jours ?...

— Il me semble que vous faites ce que vous reprochiez aux femmes tout à l'heure ?...

— Qu'est-ce que je fais ?...

— Vous attribuez aux autres vos sentiments à vous !...

— Vraiment ?... Alors vous ne croyez pas que je penserai à vous ?...

— Je crois que l'absence est à l'amour — en admettant que vous appeliez ça de l'amour...

— J'appelle ça ainsi !... Qu'est-ce qu'elle fait, l'absence ?...

Le temps est à l'amour ce qu'est au feu le vent,
Il éteint le petit, il allume le grand.

— C'est vous qui dites ça ?

— Non... c'est, je crois — sans en être sûre — Bussy-Rabutin !... Moi je le répète modestement, parce que ça me paraît vrai !...

— Ça l'est !...

— Oh ! oui, ça l'est !...

Et elle ajouta à part elle, se blaguant comme toujours elle-même :

— C'est bien pour ça que je suis sûre de mon affaire !

Le vicomte s'arrêta :

— Je vous croyais plus clairvoyante que vous ne l'êtes ?...

— Et moi, je voudrais l'être moins encore que je ne le suis !...

— Au revoir !... à tout à l'heure !... Vous savez que je dîne chez vous ce soir ?...

— Oui... je le sais !...

Quoiqu'il n'y eût à dîner que Guibray et Villiers-Naufle, la marquise s'habilla comme quand il y a beaucoup de monde, et lorsqu'elle entra dans le salon, Faucher s'écria :

— Mâtin !... Qui donc voulez-vous éblouir ?... Est-ce Jacques, Guibray Villiers-Naufle ou moi ?... Je vous avertis que moi, je suis très difficile à éblouir !...

Elle se mit à rire.

— Soyez tranquille !... Je ne ferai rien pour ça !...

— C'est le tort que vous aurez !... Mes... éblouissements — appelons ça des éblouissements pour être convenable — sont peut-être délicieux ?... On ne sait pas ?...

Jacques s'était levé pour examiner la toilette de madame de Gueldre. Il s'inclina profondément et, envoyant du bout des doigts un baiser sonore :

— Jolie, jolie, la cousine Liane !

La marquise sourit, contente au fond, car Jacques est difficile et peu complimenteur.

ELLE S'EXAMINAIT AVEC UNE ATTENTION INQUIÈTE...

Depuis quelque temps elle se préoccupait d'être ou de n'être pas jolie.

Pour la première fois, elle s'examinait avec une attention inquiète, découvrant d'un œil férocement clairvoyant les moindres imperfections, et se jugeant avec une impartialité absolue.

Alors elle se prenait à regretter la vraie jeunesse, que rien ne vaut ni ne remplace ; la jeunesse avec sa fraîcheur de fleur et son duvet de fruit. Elle trouvait ses yeux moins brillants, ses cheveux moins lourds. Elle regardait chaque jour les petites rides de ses yeux, avec le même serrement de cœur que si elle les apercevait pour la première fois. Et les cheveux blancs de ses tempes, qui jusqu'ici l'avaient fait rire, lui donnaient à présent envie de pleurer.

Souvent, elle se disait qu'après tout elle était encore jeune ; que pendant cinq ou six ans, peut-être plus, elle resterait sinon jolie, du moins désirable... Puis, tout à coup elle pensait :

« Non !... ça n'est pas vrai !... C'est fini ! »

Et le désespoir la prenait, de vieillir précisément à l'heure où, pour la première fois, elle aimait.

Elle trouvait, contrairement au dicton qui dit : qu' « on n'a que l'âge que l'on paraît avoir », qu'au contraire on a l'âge qu'on a... Et elle jugeait que, seule, la jeunesse excuse l'amour. La phrase de Jacques : « Jolie, jolie, la cousine Liane ! » lui rendit un peu de confiance, et le coup d'œil très admiratif que lui lança en arrivant Villiers-Naufle acheva de la tranquilliser.

A table, elle fut plus gaie qu'elle ne l'avait été depuis longtemps, et comme Faucher à moitié content, à moitié malicieux, en faisait l'observation, le marquis, s'écria :

— A propos de gaieté !... c'est votre oncle, Guibray, qui n'était pas gai pendant votre dernier déplacement !... Le pauvre bonhomme faisait peine à voir !...

— C'est vrai, il ne peut pas vivre seul !... il faut absolument que quelqu'un lui tienne compagnie... et comme ce quelqu'un c'est toujours moi... je trouve ça un peu sévère !

D'un ton grave Faucher conseilla :

— Voyez-vous, vous n'avez qu'une chose à faire...

— Laquelle ?...

— Mariez-vous !...

— Pourquoi ?...

— Pour pouvoir aller vous promener !... Votre femme gardera l'oncle Jardane... et pendant ce temps-là vous vous tirerez les pattes...

— Ah !... — dit en riant le vicomte — je n'avais jamais envisagé à ce point de vue le mariage... auquel, d'ailleurs, je pense très souvent...

— Quelle drôle d'idée de penser souvent au mariage !... — fit Jacques d'un air ahuri — moi je me suis fait une fois arracher une dent ! il le fallait !... je n'en souffrais pas, mais on m'affirmait que j'en souffrirais plus tard !... Eh bien, je me suis appliqué, de tout mon pouvoir, à ne penser à ma dent qu'en posant un pied craintif sur le paillasson du dentiste...

Guibray protesta :

— Oh !... mais moi, je ne suis pas du tout hostile au mariage !... J'estime qu'il faut se marier !...

— Moi, j'estimais aussi qu'il fallait arracher ma dent !... mais je ne trouvais pas ça drôle ?...

— Je me marierai très volontiers !... — affirma le vicomte — mon oncle n'a qu'à me trouver une femme... je la prends les yeux fermés !...

— Ça, c'est excessif !

— Pourquoi ?... je suis sûr que mon oncle la choisira riche — il a tiré longtemps le diable par la queue... — et jolie... — il a eu ma tante sous le nez pendant quarante ans !... — Et puis, il la choisira comme il voudra, au fond, je m'en moque un peu, vous savez ?...

Il ajouta, après un instant de réflexion :

— Seulement, il est probable que d'ici au printemps ça sera bâclé, cette affaire-là !...

Très pâle, silencieuse, le regard voilé et le sourire glacial, Liane écoutait avidement. Certes elle savait bien que Jacques se marierait ! Mais elle ne croyait pas que ce fût ainsi, tout de suite !... Elle ne prévoyait pas non plus que, devant elle, il traiterait cette question qui la bouleversait affreusement.

— Qu'est-ce que vous voulez ? — demanda Faucher, qui connaît une masse de sujets à marier — je vais vous trouver ça, moi !

— Je veux de l'argent,... le plus possible !...

— C'est convenu !... mais comme femme, qu'est-ce que vous voulez ?... une jeune fille, bien entendu ?...

— Pourquoi, « bien entendu ?... » j'épouserais très bien une veuve, ça m'est égal !...

— Pas moi, jamais !...

— Mais pour quelle raison ?

— Parce que je ne me crois pas assez... réussi, pour affronter une comparaison continuelle avec un monsieur qui, par ce seul fait qu'il est mort, se trouve subitement paré de toutes les vertus les plus étrangères à son tempérament !

— Alors, vous n'épouseriez pas une veuve ?...

— Ah ! fichtre non !... Moi, voyez-vous, j'aime mieux une femme qui a eu plusieurs aventures qu'un seul mari... parce que, au moins, elle n'en parle pas !

— Oui — fit Guibray qui riait — oui certainement !... Mais une jeune fille, c'est bébête !... ça demande à être débrouillé... Il y a tout un travail préparatoire à exécuter...

— Eh bien, justement, quand j'achète un livre, j'ai presque autant de plaisir à le couper qu'à le lire...

— Et vous, Madame ?... — demanda Villiers-Naufle se tournant vers la marquise — quel est votre avis ?...

Elle répondit d'une voix blanche, dont le son étrange la surprit :

— Oh !... moi !... je n'ai pas d'avis sur des questions aussi graves !...

Puis comme le dîner finissait, elle prit le bras de Villiers-Naufle et passa dans le hall, où elle se mit à servir le café.

M. de Guibray vint auprès d'elle et lui dit très bas :

— Que vous êtes jolie, ce soir !...

Et il ajouta de cette voix caressante qui la faisait rougir et pâlir :

— Je voudrais tant vous embrasser !...

Une partie de billard commença entre Villiers-Naufle, Faucher, M. de Gueldre et Jacques.

Le vicomte se mit à causer avec les joueurs, tandis que la marquise assise sur le divan rêvassait, se répétant douloureusement :

« Dans trois jours, je ne le verrai plus !... »

Elle fut tirée de sa rêverie par la voix de son mari qui disait :

— Comment, Liane, Guibray ne connaît pas votre nouveau poney ?...

— Non... — répondit-elle — je n'ai pas pensé à le montrer à monsieur de Guibray...

Le marquis reprit, s'adressant au jeune homme :

— Après la partie, nous irons le voir !... Il est drôle !...

— Mais... — dit Liane, saisissant cette occasion d'être seule avec Guibray — nous pouvons y aller tout de suite ?...

— Prenez garde au feu ! — cria M. de Gueldre en la voyant sortir suivie du vicomte — faites-vous éclairer par Pierre !

Les domestiques dînaient. Liane, sans appeler personne, décrocha une des boules de verre suspendues à la porte des communs et entra dans l'écurie. Là elle posa la lanterne, et, ouvrant le box du poney :

— Voilà *Moucheron*... — dit-elle — c'est mon beau-frère qui me l'envoie de Dublin... N'est-ce pas, il est joli ?... Il est rond comme une pomme !...

Elle fit un pas pour entrer dans le box, mais Guibray la retint, l'enveloppant étroitement de ses bras. Et, la regardant bien droit dans les yeux, d'un regard qui, cette fois, lui parut non plus seulement caressant, mais infiniment bon et tendre, il lui dit d'une voix chaude.

— Je vous aime !...

Brisée de bonheur, elle répondit de toute son âme :

— Moi aussi, je vous aime !...

Pour la première fois elle se croyait aimée. Pour la première fois elle croyait que, au moins pendant cette minute, Jean était à elle, comme elle était à lui.

Et ce fut elle qui, prudente, dit en montrant leurs ombres rapprochées qui se dessinaient gigantesques et tremblantes sur le grand mur blanc de l'écurie :

— Prenez garde !... Rentrons !...

VIII

La veille de son départ, la marquise alla se promener avec M. de Guibray dans la lande où elle l'avait rencontré un soir. Comme ce soir-là, lorsqu'ils revinrent, il faisait tout à fait nuit.

Lui, était infiniment agacé de ce départ, qui bouleversait son organisation de vie. Peu à peu aussi il s'était attaché à cette femme simple, gaie et très meublante. Un peu plus, il allait, ma foi, l'aimer pour tout de bon !

Elle, écrasée par un chagrin dont elle ne voulait pas laisser soupçonner la violence, marchait silencieuse, attendant qu'il parlât, et s'énervait de le voir écouter si aucun pas ne sonnait sur la route et si aucun froissement ne faisait bruire les haies. Les petites terreurs de Jean lui semblaient mesquines, à elle qui l'eût embrassé devant le monde entier plutôt que de ne pas l'embrasser du tout !

Et elle allait le quitter !... Le quitter sûrement pour deux ou trois mois... peut-être pour toujours ?

Elle l'aimait tant !... Elle s'était si bien habituée à ses longues causeries sans abandon, mais pleine d'entrain, et à ses baisers, un peu distraits, mais très doux.

Ah ! comme elle comprenait bien, à présent, ce qu'autrefois elle déclarait enfantin ou ridicule !

Elle se souvenait qu'en lisant un jour à son beau-père, qui aimait à l'entendre lire de sa voix grave les poètes latins :

> Da mi basia mille, deinde centum :
> Dein mille altera, dein secunda centum ;
> Dein usque altera mille, deinde centum.

Elle s'était écriée, riant comme toujours des choses sentimentales ou passionnées :

— Tant de baisers que ça !... Comme on comprend que Lesbie en ait eu vite assez !

Aujourd'hui elle jugeait différemment !... Elle eût voulu rester toujours blottie entre les bras de Jean, la joue appuyée contre son cœur, toute pénétrée de la chaleur des mille baisers qui tomberaient sur ses cheveux.

Et elle continuait à marcher sans dire un mot. Guibray s'arrêta, demandant :

— A quoi pensez-vous ?...

Elle répondit :

— A vous !...

Il posa ses mains sur les épaules de Liane, et, attirant son visage tout près du sien, il lui demanda, la bouche sur sa bouche et les yeux dans ses yeux :

— Voyons ?... le croyez-vous que je vous aime assez ?...

Elle murmura :

— MOI AUSSI, JE VOUS AIME !...

— Assez, c'est peu !...

Il reprit :

— Je vous aime comme je n'ai jamais aimé personne!... J'éprouve pour vous ce que je n'ai jamais éprouvé pour nulle autre... Mais, puisque vous ne le croyez pas, c'est que j'exprime probablement ce que je ressens moins bien que...

Elle l'interrompit brusquement, ne voulant pas entendre la fin de la phrase.

Qu'est-ce qu'il allait dire ?... « Moins bien que... » Que les autres, sans doute?... Cette pensée qu'il la jugeait mal lui était odieuse, et cependant elle ne voulait pas le détromper.

Cent fois elle avait été sur le point de lui crier qu'elle n'avait jamais été à personne, et toujours elle arrêtait ce cri qui venait à ses lèvres.

D'abord, elle se disait qu'il ne la croirait pas ! Et puis, elle soupçonnait en Guibray un fond de snobisme, et elle sentait vaguement que sa situation de femme « dans le train », et ses aventures supposées, étaient à ses yeux sa plus grande, sinon sa seule valeur.

Une autre pensée l'inquiétait aussi.

Elle craignait de paraître à Jean maladroite et naïve dans sa tendresse, alors qu'il s'attendait à trouver une femme savante et expérimentée.

Il demanda encore, la tenant toujours serrée contre lui :

— Dites-moi que vous croyez que je vous aime?...

Elle répondit :

— Non ! je ne mens jamais!... Je vous aime, moi!... ça, j'en suis sûre... et ça me suffit!

— Eh bien, dites-moi au moins pourquoi vous m'aimez ?...

— Vous me l'avez déjà demandé !... Je vous ai répondu que je n'en savais rien !...

— Mais maintenant ?...

— Maintenant comme alors, je ne sais pas pourquoi je vous aime !... Mais je vous aime bien, allez!... Vrai !...

Et, brusquement, elle ajouta :

— Je veux vous parler d'une chose qui me préoccupe... Promettez-moi que vous ferez ce que je vais vous demander ?...

— Mais...

— Oh !... Vous pouvez promettre !... Ce n'est pas une chose importante... pour vous ?...

— Eh bien, je promets !

— Voici : je vous prie, quand vous vous marierez, de m'annoncer vous-même votre mariage... avant qu'il ne soit connu ?...

Il se mit à rire :

— Quelle drôle d'idée!... Pourquoi voulez-vous ça?...

— Parce que je ne veux pas l'apprendre brusquement... au milieu d'un dîner... ou à des cinq-heures quelconques !...

Il réfléchit :

— Mais ça ne sera pas agréable du tout pour moi, de vous annoncer mon mariage?...

— Qu'est-ce que ça peut vous faire?... Je vous en prie ?... Ne me refusez pas la première chose que je vous demande ?...

— Eh bien, c'est convenu !...

Après un silence, il ajouta :

— Mais je ne vois pas ce que ça changera, que je me marie ?...

— Comment — balbutia madame de Gueldre effarée et s'éloignant involontairement de Guibray — comment, ce que ça changera?... Mais tout !

— Tout... d'abord « tout », ce n'est pas grand'chose !... Ensuite je ne sais pas pourquoi mon mariage modifierait quoi que ce fût ?...

— Pourquoi?... — s'écria Liane —

parce que je trouve qu'être la maîtresse d'un homme marié, c'est faire une action ignoble !...

— Mais cependant... — fit observer le vicomte — le contraire a lieu couramment ?...

— Eh bien mais, le contraire... c'est le contraire !... Un homme est de taille à se garer de ces accidents-là... et si on lui prend sa femme, c'est qu'il n'a pas su la garder !... Aussi, voyez ?... On ne le plaint jamais, et presque toujours on se moque de lui !... Mais une femme?... une jeune fille surtout ?... Qu'est-ce que vous voulez qu'elle fasse, ignorante et maladroite, contre une femme souvent rouée, et, dans tous les cas, plus expérimentée qu'elle?... C'est une situation atroce et sans issue !... Elle est condamnée à souffrir sans se plaindre, si elle est douce et résignée, ou à crier et à faire du scandale, si sa nature ne lui permet pas de supporter les humiliations et les dégoûts !... Ah ! non !... je ne serai jamais mêlée à ces vilenies-là !...

M. de Guibray demanda :

— Mais si j'avais été marié quand vous m'avez connu?...

— Je ne vous aurais pas aimé !... Ou, du moins, je ne vous aurais pas revu !...

— De telle sorte — fit en riant le vicomte — que, si demain je me mariais, vous ne me verriez plus ?...

— Jamais !...

Il comprit qu'elle disait vrai, et murmura :

— Une drôle d'idée !...

Liane restait pensive. Elle en voulait à M. de Guibray des sentiments qu'il venait d'exprimer avec une tranquillité parfaite. Ainsi il était décidé, en principe, à tromper la femme qu'il épouserait !

Certes, elle admettait qu'au bout d'un temps plus ou moins long, un mari trompât sa femme ! Elle trouvait cela regrettable et logique. Mais qu'un homme, recevant dans ses bras une jeune fille candide et confiante n'eût pas la pensée de rompre, au moins momentanément, avec son existence passée, cela lui paraissait malpropre et monstrueux.

Et, regardant Jean, comme si elle distinguait dans la nuit sa tête qu'elle connaissait si bien — cette tête au front têtu, à la mâchoire violente et au regard coupant dès qu'il oubliait de se faire doux — elle se dit :

« Si sa femme l'aime, elle sera horriblement malheureuse ! »

Pour la seconde fois, la voyant absorbée, Guibray demanda :

— A quoi pensez-vous?...

Elle répondit franchement :

— Je pense que, si votre femme vous aime, vous la rendrez très malheureuse !...

Elle devina qu'il souriait en répondant :

— Eh bien !... c'est très possible, ce que vous dites là !...

— Voilà l'Angélus qui sonne !... — s'écria la marquise — je vais être en retard !...

— Alors, c'est décidé, vous partez demain ?...

— Demain...

Et, suppliante, elle demanda :

— Je vous en prie, donnez-moi de vos nouvelles ?...

— Je vous en donnerai...

— Bientôt ?...

— Bientôt !...

Liane sentait en elle un affreux déchirement. Elle s'arracha brutalement des bras de Jean, et partit en courant, lui criant :

— Je vous aime !... adieu !...

Il répondit :

— Au revoir !...

Elle fit non de la tête et, tandis qu'un grand sanglot la secouait toute, elle disparut dans la nuit.

IX

Souvent, en causant avec la marquise, Guibray lui avait dit :

— « Ça m'étonne tellement que vous m'aimiez !... Je ne vois pas ce qui peut vous plaire en moi?... Réfléchissez donc à ça... et, quand vous aurez bien réfléchi, vous me direz « si c'est encore vrai? »

Elle passa toute cette dernière soirée à courir dans le parc et sur la plage, suivie de ses chiens. Elle voulait revoir encore ce pays qu'elle aimait tant et qu'elle quittait toujours avec tristesse. Cette fois, ce n'était plus seulement de la tristesse qu'elle éprouvait, mais une sorte d'angoisse, un chagrin profond.

Lorsqu'elle rentra enfin, brisée par sa longue course, M. de Gueldre et Faucher, las de l'attendre, se décidaient à aller se coucher. Faucher, qui montait déjà l'escalier, s'arrêta en sentant Toc et Vlan se précipiter dans ses jambes.

ELLE DISPARUT DANS LA NUIT.

— Ah !... — fit-il — vous êtes une maîtresse de maison aimable, vous !...

Et comme Liane s'excusait :

— Oui ! vous laissez ce pauvre Faucher en tête à tête avec votre mari, qui passe toute sa soirée à lui fumer des pipes dans le nez !...

— Mais... vous pouviez aller au salon ?...

— Non!... je n'aime pas à être seul!

— C'est singulier !... je croyais que vous fumiez, vous aussi?...

— Parbleu !... certainement, il fume!... — cria le marquis en riant — mais il ne supporte pas la fumée des autres!...

Faucher redescendit deux marches, se hérissant, prêt à se fâcher.

— Qu'est-ce que tu dis, toi?... Non, je n'aime pas la fumée des autres !...

— Qu'est-ce que vous avez donc?... Vous êtes blanche comme votre robe?... Or, c'est peut-être joli pour une robe d'être blanche... mais, pour des joues, ça manque de montant !... Est-ce que vous avez une vague idée de vous trouver mal?...

— Mais non, du tout!...

— Oui... je connais ça!... On dit non... et puis, au moment où on s'y attend le moins... Patatras!... On tourne l'œil!

IL PASSE SA SOIRÉE A LUI FUMER DES PIPES DANS LE NEZ!...

Et puis après?... Je trouve qu'il y a dans l'air assez de microbes et de saletés de tous les genres, sans qu'on vienne encore en apporter exprès !... Et ici, dans ce billard rempli de tapis et de tentures, le microbe se plaît tout particulièrement!... C'est vrai!... pour bien faire... pour vivre dans des conditions saines, on devrait habiter uniquement des appartements blanchis à la chaux!...

Il s'interrompit, regardant Liane qui, toute pâle, souriait en l'écoutant :

— Merci!...

— Oh !... pas pour toujours !... momentanément !...

— Vous êtes bien gentil de me rassurer!... D'ailleurs, tourner l'œil momentanément ou pour tout de bon, ça n'a pas grande importance !...

— Permettez?...

— Je parle pour moi !...

— Comment... vous voudriez mourir?...

— Je ne « voudrais » pas mourir

mais je mourrais sans grande peine !... Ça ne me fait pas du tout peur !

— Mâtin !... ça prouve que vous avez une rude idée de vous-même !...

— Ça prouve plutôt que j'ai une rude idée de Dieu !...

Le marquis demanda :

— Mes enfants, est-ce que vous allez rester dans l'escalier à parler de choses aussi sérieuses?... Si oui... je voudrais que vous me laissiez passer?...

— Dis « laissassiez » et tu passeras!...

— Voyons!... C'est stupide!... il est minuit !... Et nous partons demain matin... Je suis fatigué, moi !...

— Moi aussi ! — dit madame de Gueldre.

Faucher se récria :

— Parbleu !... C'est pas étonnant que vous soyez fatiguée !... Vous marchez depuis le dîner !... Car je ne pense pas que vous vous soyez assise sur l'herbe par ce froid ?...

— Non, j'ai marché...

— Eh bien, c'est fou !... Ces petits rien du tout de femmes, ça s'imagine toujours que c'est en fer !... Tout de même, vous avez une fichue mine !... Allons, dormez bien !... ça vous remettra !

« Dormez bien !... » Elle ne dormit pas du tout, la pauvre Liane ! Elle pensa toute la nuit à Jean, avec cette idée bien arrêtée que lui ne pensait pas du tout à elle, et qu'elle ne tenait pas dans sa vie plus de place que la petite Montreu ou que n'importe quelle autre femme. Quand il la voyait, il croyait l'aimer et il l'aimait peut-être effectivement pendant la minute présente. Quand elle ne serait plus là, il en verrait une autre qu'il aimerait également. Et elle ne lui en voulait pas des sentiments qu'elle lui supposait. Il ne manquerait à aucune promesse !... Il ne lui avait rien promis. Elle ne lui avait d'ailleurs rien demandé, et, si elle n'espérait rien de cette liaison bizarre et inachevée, elle ne regrettait rien non plus !

Regardant attentivement au fond d'elle-même et cherchant — non pas à se reprendre, c'était impossible — mais au moins à se blâmer, elle finissait par conclure :

« Oui !... si c'était à refaire, je le referais !... »

Et, incapable d'envisager gravement les choses, même les plus graves, elle ajoutait :

« Comme le caissier des *Brigands !...* »

Après cette nuit passée à réfléchir, à pleurer, et à se moquer d'elle-même, la marquise pensa qu'elle pouvait répondre à la question de Jean, et elle lui écrivit ces trois mots :

« Vrai... horriblement vrai !...

» LIANE. »

Elle éprouvait certainement le désir de crier à Guibray la vérité, mais elle voulait surtout le forcer à lui écrire. Il ne pouvait guère, en recevant cette nouvelle affirmation de son affection, ne pas lui répondre.

Au moment de monter en voiture, M. de Gueldre, qui regardait charger les bagages, demanda distraitement :

— Qu'est-ce que vous vouliez donc à Guibray?... Je viens de voir Cyprien qui partait pour les Aulnes avec une lettre?...

Elle devint très rouge et répondit :

— Rien... c'est... pour un renseignement que je lui avais promis...

Le trouble de la marquise n'échappa pas à Faucher, et il s'écria :

— Oh!... pas la peine de piquer un soleil pour ça!... Il n'est pas défendu d'écrire à Guibray !...

VRAI..... HORRIBLEMENT VRAI!..

Et toujours taquin, il ajouta en riant :

— N'empêche que si la petite Montreu savait ça, elle montrerait les dents!...

Agacée, Liane répondit :

DANS LA VOITURE IL L'EXAMINA DE NOUVEAU...

— Elle aurait tort!... parce que je les montrerais aussi... et que la partie ne serait pas égale !...

Le marquis n'entendit pas, mais Faucher, très surpris, regarda madame de Gueldre d'un air absolument effaré. C'était si peu d'elle, cette riposte pointue et cette façon de se complimenter elle-même ! Il ne reconnaissait plus le « bon garçon ». Ah çà!... est-ce que?... Et ses premiers soupçons lui revinrent ; mille petits faits passés inaperçus se présentèrent à son esprit, et il se dit :

« J'ai été un imbécile de ne rien voir! »

Mais quand, assis dans la voiture à côté de la marquise, il l'examina de nouveau attentivement, le résultat de cet examen fut :

« Une femme si intelligente!... Allons donc !... C'est maintenant que je suis un imbécile!... »

X

Le lendemain de son retour à Paris, madame de Gueldre s'éveilla, inquiète et agitée, beaucoup plus tôt que d'habitude. Et, tout de suite elle comprit que c'était l'attente du courrier qui l'énervait ainsi.

Elle eut beau se raisonner pour se prouver qu'il était fou d'espérer une lettre de Jean, elle continua à l'espérer vaguement, recommençant pour la vingtième fois le même calcul.

« Voyons?... Cyprien est parti hier à huit heures... il était aux Aulnes avant huit heures et demie... mais à huit heures et demie, Jean était peut-être déjà sorti?... S'il était sorti, je n'ai rien à attendre!... Mais s'il était là, il a eu le temps de me répondre un mot avant le passage du facteur... ou de porter sa lettre à la boîte de Baden ou à celle d'Auray ?... S'il l'a pu, il m'aura écrit! Oh oui! c'était hier!... et il devait, hier, penser encore un peu à moi ?...

LA FEMME DE CHAMBRE ENTRA...

Quand la femme de chambre entra, portant le petit plateau sur lequel était le courrier, la marquise prit rapidement les lettres, secoua les journaux, pour voir si l'enveloppe tant désirée ne s'était pas glissée dans leurs plis, et, ne trouvant rien, fut prise d'un profond découragement.

Ainsi, à ce mot si simplement et si vraiment tendre, il ne trouvait rien à répondre! Rien, pas même une phrase banalement aimable, sorte de carte de visite signifiant : « Je pense à vous ! »

Tant qu'elle espérait un peu une lettre, elle pensait : « Il m'écrira peut-être !... » Depuis qu'elle était sûre de ne rien recevoir, elle se disait : « Que c'est mal de ne m'avoir pas écrit! » Elle se leva pour le déjeuner seulement et, au moment de passer dans la salle à manger, se trouva si pâle et si changée qu'elle se réjouit de ne pas être obligée d'affronter, comme les jours précédents, le regard perçant de Faucher qu'elle aimait beaucoup, mais qu'elle appelait volontiers le grand inquisiteur.

M. de Gueldre la regardait si rarement, que, de ce côté, elle n'avait rien à craindre.

Pendant le déjeuner, on lui remit un petit billet de madame de Chavannes, qui lui demandait de venir la prendre pour aller au Bois.

A quatre heures, Liane accompagnée de son amie, descendait de voiture à l'entrée de l'allée des Acacias. Madame de Chavannes, qui a très peur d'engraisser, fait chaque jour une assez longue promenade à pied. Elle s'essouffle, se fatigue, rentre les traits tirés, les yeux battus et les jambes cassées, mais ne maigrit pas d'un gramme.

En commençant à arpenter l'allée à petits pas pressés, elle dit à la marquise :

— Je suis joliment contente que tu sois revenue !... D'abord parce que je ne peux pas me passer de toi !... Oui... tu me distrais... tu me fais rire !... tu n'es pas à la pose, toi, au moins ?... Ensuite, tu es la seule personne qui consente à marcher avec moi !...

Liane se mit à rire :

— Ah !... c'est que, tu sais, c'est dur de te suivre !... Tu vas d'un train !...

— Qu'est-ce que ça vous fait ?... — demanda derrière elle une voix gouailleuse — vous suivriez n'importe qui, vous ?... Vous marchez comme un grand fauve !...

Ainsi interpellée, Liane se retourna brusquement, tandis que madame de Chavannes s'écriait :

— Ah !... Monsieur de Mons !... Je suis ravie de vous rencontrer !... Car on ne vous voit pas souvent au Bois !...

Et, maligne, elle ajouta, en regardant la marquise :

— ...Quand rien ne vous y attire...

— En effet !... — répondit M. de Mons qui ne sourcilla pas — je viens très rarement aux Acacias !... Je rentrais du tir aux Pigeons... je vous ai vues descendre de voiture... et j'ai voulu vous rejoindre... Est-ce mal ?

— C'est au contraire très bien !... Je vous aime beaucoup !... Liane aussi vous aime beaucoup !... N'est-ce pas, Liane ?...

La marquise répondit, dans un élan sincère :

— Beaucoup !...

— Vous le voyez ?... — fit madame de Chavannes — ça part du cœur !...

M. de Mons examinait attentivement le visage pâli de Liane, et sa taille plus svelte encore qu'avant son départ pour la campagne.

— Il me semble — dit-il enfin — que votre séjour en Bretagne vous a bien moins réussi qu'à l'ordinaire ?...

Elle se troubla, et demanda avec un très visible embarras :

— Pourquoi ça ?...

— Parce que je vous trouve un peu pâlotte... un peu maigrie !...

Madame de Chavannes regarda d'un air d'affectueuse envie la taille si mince de la marquise, et s'écria :

— En a-t-on une veine, d'être un roseau comme elle !... On n'a pas besoin de faire des marches forcées pour maigrir, au moins ?...

— Croyez-vous donc — demanda Bernard de Mons — que ces marches forcées vous fassent maigrir ?...

— Certainement !... Et, tenez !... — fit-elle triomphante en apercevant Fau-

TU ME FAIS RIRE !... TU N'ES PAS A LA POSE, TOI, AU MOINS ?...

cher qui s'avançait — voilà monsieur Faucher qui va vous le dire, si ça fait maigrir?... Il en sait quelque chose, lui!

Faucher s'approcha :

— Qu'est-ce que je sais, moi?...

— Si, oui ou non, ça fait maigrir de marcher?...

Faucher se recueillit et répondit d'un ton grave:

— Il y aurait beaucoup à dire là-dessus !...

— Eh! alors, dites-le?... — cria madame de Chavannes agacée.

— Eh bien, ça fait maigrir moi... mais pas vous!...

— Et pourquoi pas moi, je vous prie?...

— Parce que vous, vous allez, en partant d'ici, rentrer chez vous pour vos cinq heures, où vous mangerez des petits gâteaux à vous en faire mourir?...

— Oh!...

— Il n'y a pas de « Oh!... » Vous savez bien que ce sera ainsi dans vingt minutes?... Moi, au contraire, j'irai à ces mêmes cinq heures, et là, en proie à une émotion et une surexcitation extrêmes, je vous regarderai, vous et vos amies, manger lesdits gâteaux!... et le... la... disons la convoitise, n'a jamais engraissé personne, que je sache?...

— La « convoitise?... » Vous ne pourriez pas, en cherchant bien, trouver un autre mot plus... convenable?...

— Permettez, ce mot s'applique aux gâteaux !...

— Ah!... si c'est aux gâteaux?... Voyons, marchons-nous?...

— Volontiers... — dit Faucher, s'appliquant à régler un de ses pas immenses sur trois des petits pas de madame de Chavannes.

Liane et M. de Mons suivaient à quelques mètres. Tout à coup, Bernard demanda:

— Avez-vous eu beaucoup de monde à Kildare, cette année?...

— Non, pas beaucoup!... Hélène de Chavannes et ses enfants... Jacques de Boufflers et Faucher...

— Et c'est tout?... Pas d'allants et venants?... Pas d'officiers de terre et de mer?...

— Quelques-uns à des dîners, mais pas à demeure...

— Et les voisins?...

— Eh bien, les voisins, ils sont toujours les mêmes ! — murmura la marquise en rougissant beaucoup.

Et, comme elle éprouvait le besoin de parler quand même de la seule chose qui l'intéressait, elle continua:

— C'est monsieur de Guibray... monsieur de Villiers-Naufle, les Montreu... monsieur Lagardy, les voisins !...

— Il n'y en a pas d'autres?...

— Non!... Pourquoi me demandez-vous tous ces renseignements... peu intéressants, en somme?...

— Vous le savez bien?...

Elle resta silencieuse. Il reprit :

— Vous voyez bien que vous le savez, puisque vous ne dites plus rien!...

Elle fit un effort pour répondre de l'air le plus naturel qu'elle pût prendre :

— Je suppose tout simplement que vous voulez savoir si je... si... si « la Passionnette », enfin ?...

— Oh !... pour ça, je suis fixé!...

Elle fit un mouvement.

— Oui, fixé !... depuis le matin où je vous ai rencontrée au Bois... Donc, je ne cherche pas si « la Passionnette »?... Je suis sûr de son existence!... Je cherche seulement « qui » a su l'inspirer?...

— Ah! ah! vous qui disiez, ce même matin que vous venez de rappeler à l'instant, que vous étiez discret et pas du tout disposé à « jouer les Juvisy »?

— Mais Juvisy questionnait, lui !... Moi je devine, c'est bien différent... Quand je dis « je devine », c'est une manière de parler !... Car du diable si je me doute qui, par exemple !...

Liane ressentit une petite contrariété. Sans doute, elle eût été désespérée que M. de Mons sût qu'elle aimait Jean !... Et, malgré cela, elle lui en voulait de n'avoir pas deviné tout de suite que c'était lui qu'elle aimait !...

Un grand jeune homme très élégant qui conduisait un phaéton, s'arrêta en apercevant madame de Chavannes, et lui fit un salut profond. Puis il causa avec elle un instant et la marquise comprit qu'il était question d'elle et que son amie la désignait.

Dès que le promeneur fut parti, madame de Chavannes revint au-devant de Liane :

— Ma chère, ce monsieur ?... Tu l'as vu, ce monsieur ?...

— Oui...

— Eh bien, il meurt d'envie de t'être présenté ?... Je voulais te le présenter là, séance tenante, mais il n'a pas voulu !... Oh ! il est très correct !... Je te le mènerai un de ces jours chez toi !... C'est toujours les jours d'opéra qu'on te trouve ?...

— Oui, mais à quatre heures seulement !... Comment s'appelle-t-il, ton monsieur ?...

— Le comte de Livry... Il est charmant, tu verras ?...

— Je verrai !...

— Il est cinq heures moins cinq — dit Faucher, s'adressant à madame de Chavannes — ce n'est pas pour vous renvoyer certes, mais je vous assure que vous allez manquer vos cinq heures !...

Elle chercha de l'œil sa voiture.

— Vous avez raison, Monsieur Faucher !...

Et Faucher, impassible, répondit :

— J'ai toujours raison !

XI

Pendant huit jours, madame de Gueldre attendit l'arrivée du courrier avec une angoisse fébrile s'éveillant — les nuits où elle dormait — de grand matin, et allumant une bougie toutes les dix minutes pour voir si l'heure du facteur approchait. Ne recevant rien à la première distribution, elle restait couchée en attendant la seconde, sans dormir, sans lire, le regard fixé sur un tableau, sur une fleur, ou sur un point de la tenture de quinze-seize citron, dont les raies mates et satinées finissaient par se brouiller devant ses yeux, s'allongeant ou se raccourcissant en dessins fantastiques et difformes. Et, au milieu de ce chaos bizarre, Jean ! toujours Jean ! tranquille et satisfait, la regardant et lui répétant d'un air banalement reconnaissant :

« — Je n'oublierai jamais combien vous avez été gentille ! »

Comme elle ne voulait pas quitter la maison le matin, elle avait renoncé à ses promenades à cheval et, pour expliquer son refus de sortir, elle disait qu'elle se sentait souffrante.

Quoiqu'il n'aimât guère sa femme, M. de Gueldre, quand il s'agissait des choses de santé, faisait strictement ce qu'il croyait son devoir de faire.

Il appela le médecin et assista à sa visite. Cette visite eut lieu le matin, à l'heure de l'attente désespérée qui bouleversait si affreusement Liane. Le docteur déclara qu'elle avait une très forte fièvre et la questionna sur ce qu'elle éprouvait. Mise au pied du mur, obligée d'inventer à l'improviste une maladie qui ne lui fît pas garder la chambre, elle raconta que chaque matin, elle ressentait dans le bras gauche une douleur qui, venant précisément à l'heure de la promenade, l'empêchait de monter à

— Je souffre... assez...

— Docteur... — fit M. de Gueldre — elle n'est pas douillette, vous savez?...

— Effectivement, car il faut que la crise soit forte pour amener une fièvre aussi violente!... Le mieux, pour éviter

ALLUMANT UNE BOUGIE TOUTES LES DIX MINUTES...

cheval. Elle n'en avait pas parlé pour qu'on ne lui fît pas prendre de précautions.

— Mais... — demanda le docteur — vous souffrez donc beaucoup?...

Elle répondit, gênée de simuler une maladie qu'elle n'avait pas :

cette fièvre qui affaiblit inutilement madame de Gueldre, serait de faire, un peu avant l'heure où commence la douleur, une piqûre de morphine...

Liane voulut protester. La morphine lui faisait horreur. Mais le docteur, qui n'avait pas vu son mouvement, continua:

— Ce sera d'autant plus facile que madame de Gueldre sait très bien faire les piqûres ?... Je me souviens que c'était elle qui les faisait à votre cocher elle ne ferait pas ce qu'on lui prescrivait, voilà tout !

Certes, elle ne le ferait pas!... Les morphinés la dégoûtaient infiniment

— JE SOUFFRE... ASSEZ...

quand je l'ai soigné... et on peut lui confier de la morphine sans craindre qu'elle en abuse...

La marquise se tut et laissa écrire l'ordonnance. A quoi bon discuter?... plus que les ivrognes, et jamais, pour de réelles souffrances, elle n'avait laissé essayer sur elle ce remède qu'on lui disait être délicieux. Elle se connaissait bien, et se savait incapable de résister à aucun entraînement, si cet entraînement ne faisait tort qu'à elle-même. Son seul frein, c'était la crainte de nuire aux autres, et jamais, quelque désir passionné qu'elle en pût avoir, elle n'eût commis une action déloyale ou mauvaise. Mais ici, elle était seule en jeu. La morphine lui répugnait et lui faisait peur, comme une chose à la fois malpropre et séduisante. Et, certaine de ne pas lutter si la séduction l'emportait sur la répugnance, elle n'avait pas voulu tenter l'épreuve.

Tandis qu'elle réfléchissait, en regardant son mari qui se chauffait adossé à la cheminée, et en écoutant crier la plume du docteur, la femme de chambre était entrée, apportant les lettres, et Liane, découragée de ne pas trouver celle qu'elle cherchait, était restée toute glacée et stupide, n'ayant presque plus conscience de ce qui se passait autour d'elle. Chaque jour, à la fièvre de l'attente, succédait un abattement sombre et lourd.

A peine entendit-elle le docteur qui expliquait :

— Madame, vous voudrez bien serrer la fiole de morphine, n'est-ce pas?... J'en fais mettre une assez forte dose, parce que le pharmacien n'en donnerait pas sans une nouvelle ordonnance... Ceci devra vous durer quinze jours... à une piqûre par jour... Je suis d'ailleurs tranquille, je sais que vous n'en abuserez pas?...

Il la regarda et murmura, étonné de voir que la tache rose des pommettes avait disparu :

— Tiens!... Voyons donc le pouls ?...

Et, prenant le poignet de Liane, il continua, se tournant vers M. de Gueldre qui se chauffait toujours :

— Il n'y a plus du tout de fièvre... le pouls est très faible!... C'est singulier!

Dans la journée, la marquise, non plus seulement malheureuse, mais inquiète d'être sans nouvelles de Jean, se décida à lui écrire une lettre presque banale qui, sans lui reprocher son oubli, disait seulement : « Je n'ai rien reçu de vous. »

Comme le petit mot envoyé de Kildare le matin du départ, cette lettre resta sans réponse. Alors, Liane, désespérée, n'eut presque plus la force de cacher son chagrin et changea en quelques jours d'une effrayante façon. Trois personnes s'aperçurent de ce changement : M. de Mons, madame de Chavannes et Faucher, dont les taquineries et les boutades faisaient encore sourire la marquise, mais n'amenaient plus les accès de gaieté qu'elles amenaient auparavant.

Tous les jours, lorsqu'elle sortait, après avoir attendu le courrier de trois heures, elle se faisait conduire à Saint-Roch avant d'aller au Bois. A Saint-Philippe, elle risquait de rencontrer ses amies et ça l'ennuyait. Et puis, elle aimait cette grande église sombre, où elle se sentait seule et tranquille au milieu des dévotes et des mendiants qui ne la connaissaient pas. Dès qu'elle se dirigeait vers la chapelle où, depuis son retour, elle venait brûler un cierge chaque jour, la petite vieille marchande accourait joyeusement au-devant d'elle, demandant d'une voix flûtée :

— Un cierge de cinq francs, n'est-ce pas, madame?...

Et madame de Gueldre restait là debout pendant quelques minutes, priant de toute son âme meurtrie. Elle ne criait plus à Dieu, comme à Sainte-Anne d'Auray deux mois plus tôt : « Mon Dieu, faites qu'il m'aime ! » elle lui criait seulement : « Mon Dieu, faites qu'il m'écrive ! »

Pas un instant elle ne supposait qu'elle

pût offenser Dieu en lui parlant de son amour! Très Bretonne au fond, c'est-à-dire très simple d'âme, Liane s'était fait du Dieu auquel elle croyait passionnément une idée primitive et absolue que l'instruction n'avait jamais pu déformer.

Toujours on lui représentait Dieu comme un maître, alors qu'il lui plaisait, à elle, de voir en lui un ami. Dieu, dit-on, jugeait sévèrement les fautes de ses créatures. Liane ayant remarqué, dès sa toute petite enfance, que les sévères sont des sots et des mesquins, se figurait un Dieu superbe et doux, indulgent aux faibles par cette raison même qu'il était exempt de toute faiblesse.

— UN CIERGE DE CINQ FRANCS...

Elle était convaincue que la parole, les écrits et la peinture, concouraient pour donner une idée absolument fausse de Dieu.

Pourquoi les peintres anciens représentaient-ils Dieu le Père — et cela dans un temps où les types étaient plus beaux qu'aujourd'hui — avec la figure et l'attitude d'un vieux figurant d'opéra-comique ?

Pourquoi, anciens et modernes, s'acharnaient-ils à faire du Christ une sorte d'être bizarre et indécis, au corps fléchi, à la barbe rare, alors que cette admirable figure s'impose à l'esprit sous les traits d'un homme beau, solide et fort comme tous les êtres vraiment grands, et bons, et résignés. Et chaque fois qu'en Allemagne et en France elle avait, dans les musées ou les Salons, regardé des tableaux représentant le Christ — que ce fût le Christ de convention d'un vrai peintre ou le Christ révolté de Munckacsy — elle s'était dit, exprimant sa pensée dans la forme familière qui lui était naturelle :

« Ça, le Christ ?... Jamais de la vie !... Au lieu de dire : « Mon Dieu, pardonnez-leur, car ils ne savent pas ce qu'ils font !... » ce type-là aurait craché au nez de ses bourreaux !... Tout ça est petit, étriqué, sans souffle... et surtout sans foi !... Ceux qui peignaient autrefois faisaient des tableaux religieux ou mythologiques, parce que c'était « la commande qui donnait », comme aujourd'hui ils font des petites femmes dans un tub, ou au Moulin-Rouge... parce que c'est « demandé »... La vérité, c'est que si le Bon Dieu est satisfait de ses portraits, il n'est pas difficile ! »

C'est cette susceptibilité de l'œil qui dirigeait aussi la marquise dans ses moindres actes religieux. Quand elle avait quelque chose à demander à Dieu, elle ne faisait pas dire de messes. Elle brûlait des cierges. Elle s'imaginait que cette jolie colonne blanche, élégante comme une tige de lis, qui se consumait silencieusement en élevant vers le ciel sa flamme claire, plaisait à Dieu plus que des paroles marmottées au galop par un prêtre, assisté d'un enfant qui se mouche dans ses doigts entre les répons. Que de fois aussi elle s'était sentie malgré elle éloignée de la religion par ses représentants ; non pas jamais par les humbles et simples prêtres, mais par les prêtres mondains, qui s'occupent de diriger les salons beaucoup plus que les consciences.

Souvent elle avait éprouvé, en entrant chez Dieu, la sensation qu'elle éprouvait en entrant chez des amis dont les relations lui déplaisaient : une sorte de gêne, de contrainte pénible, de désir de voir partir « tout ce monde-là » et de rester enfin en tête à tête avec ceux qu'on vient voir. Elle adorait l'église où il n'y a personne, où le moindre bruissement vibre sous les voûtes ; où, se voyant seul, on se sent tout près de quelqu'un. Et elle restait là longtemps, immobile, priant de tout son cœur. Priant ?... C'est-à-dire confiant à Dieu toutes ses pensées et le suppliant de réaliser ses vœux, car elle ne priait pas à proprement parler.

Encore une chose qui la stupéfiait, « la prière », comme on la comprend ordinairement !

Les gens qui mâchonnent on ne sait quoi, en remuant les lèvres, lui étaient déplaisants à regarder. Elle s'étonnait aussi qu'on lût des prières dans des livres !... Il lui semblait que la prière devait être spontanée, et que, si mal tournée qu'elle pût être, il valait mieux qu'elle fût inédite.

Ce jour-là, en sortant de Saint-Roch, madame de Gueldre pensa :

— Il est bien tard pour aller au Bois... et puis, Hélène doit m'en vouloir ?... Depuis trois jours, je n'ai pas été la voir !...

XII

Quand la marquise entra chez madame de Chavannes, elle fut accueillie par un :

EN SORTANT DE SAINT-ROCH...

Et, montant en voiture, elle dit au cocher :

— Chez madame de Chavannes !...

— Ah !... enfin !... Je croyais que je ne te reverrais plus !...

— J'ai été malade !... — répondit-elle

en embrassant Yvonne, qui accourait au-devant d'elle.

Faucher, debout au fond du salon, buvait une tasse de thé. Il cria :

— Malade !... Parfaitement !...

Liane se retourna.

— Tiens !... Vous êtes là, vous ?...

— Je suis là !... Enfin, nous l'avons donc pincée, cette bonne petite névralgie ?...

— Comment savez-vous ça ?...

— Par votre mari, que j'ai rencontré!... Vous l'avons-nous assez prédit cet été, hein ?... Quand vous restiez en bateau, trempée pendant des heures... ou encore quand vous vous couchiez le soir, sur les pelouses... en robe décolletée !...

Madame de Gueldre se mit à rire. Elle devinait qu'au fond, tout au fond, le bon Faucher trouvait très bien fait qu'elle eût une névralgie, et comme cette névralgie, elle ne l'avait pas réellement, elle ne lui en voulait pas de sa satisfaction peu charitable. L'idée d'avouer qu'elle n'était pas malade lui vint. Elle aurait voulu voir la tête de Faucher. Mais prévoyant qu'elle allait s'attirer des ennuis de toute sorte, elle répondit seulement :

— Eh bien!... Vous en avez aussi, des névralgies !... et vous ne vous êtes pourtant pas roulé sur l'herbe en robe décolletée, que je sache ?...

Faucher, qui parle tout le temps de ses maladies, n'admet pas que les autres y fassent allusion. Il répliqua sèchement :

— Je ne vois pas ce que mes névralgies viennent faire ici ?...

— Et les miennes, donc ?... Elles y viennent d'autant moins que ce n'est pas leur heure !...

— Allons !... allons !... — fit madame de Chavannes — vous êtes insupportables tous les deux!... Il faut toujours que vous vous disputiez!...

— C'est l'Oncle qui commence! — affirma Yvonne.

— C'est ça!... Accablez-moi aussi!... C'est charmant !... D'ailleurs, trois femmes réunies contre un malheureux qui est tout seul !... Ce que je vais filer !... Ah!... heureusement, voilà du renfort!

Le gros Juvisy entrait, suivi de M. de Halsen, un Autrichien naturalisé Français, l'homme le plus spirituel et le plus fin causeur de Paris.

Liane fut ravie de le voir paraître. Elle allait se distraire un peu ! Elle le trouvait absolument charmant et disait souvent :

— Halsen ?... de lui tout m'amuse !... Même ses silences sont drôles !...

Elle n'avait pas prévu que Juvisy allait troubler son plaisir. Quand Juvisy est quelque part, c'est lui qui parle ! Il commença par examiner madame de Gueldre d'un air attendri et s'écria :

— Ah !... mon Dieu !... comme vous êtes maigrie!... Et quel air grave?... Ça ne va donc pas ?...

— Je vous préviens — dit brusquement Liane — que je suis de très mauvaise humeur, et qu'aujourd'hui je ne suis pas du tout disposée à me laisser asseoir sur la sellette !...

— Ah!... — fit le gros Juvisy en riant — vous êtes de mauvaise humeur ?... Est-ce de ça que vous vous accusiez tout à l'heure à Saint-Roch ?...

Le visage de la marquise se rembrunit. Il lui était infiniment désagréable que l'on connût ses stations à l'église.

— A Saint-Roch ?... — fit madame de Chavannes, très surprise — tu étais à Saint-Roch ?

— Oui!... Mais je me demande comment monsieur de Juvisy le sait ?...

— Tout simplement, Madame, parce que j'ai vu votre voiture à la porte...

Il s'interrompit, regardant une jeune

journaux mondains : « la toute charmante baronne de Montreu ».

Et il ajouta entre ses dents :

LA BARONNE DE MONTREU.

femme qui s'avançait dans le premier salon :

— Voici, comme diraient les échos des

— Sûr... elle ne vient pas de Saint-Roch, celle-là !...

La petite de Montreu entrait, se trémoussant dans un froufrou de soie. Elle sembla fort étonnée de voir la marquise et demanda :

— Comment ?... Vous êtes de retour ?...

— Oui... depuis un mois !...

— Moi, je suis revenue hier !... Mais j'étais convaincue que vous étiez encore à Kildare !...

— Pourquoi donc ?...

La jeune femme étala gentiment sa robe, allongea son pied bien chaussé, et répondit, en tapotant son petit manchon fleuri :

— Oh ! mon Dieu !... parce que depuis un mois monsieur de Guibray n'est pas venu nous voir plus souvent !... Quand vous n'êtes pas à Kildare, il vient continuellement nous demander à dîner... quand vous y êtes, il va chez vous...

Elle prit un temps et conclut au milieu d'un silence :

— Parce que c'est beaucoup plus près !...

— Voyez-vous la petite rosse !... — rognonna Faucher.

Yvonne demanda :

— Qu'est-ce que vous dites, notre Oncle ?...

Il répondit d'un ton bourru :

— Rien d'intéressant !...

Juvisy détestait la petite Montreu. Il prétendait être le seul homme dont elle eût repoussé les hommages, et il commentait parfois très drôlement les causes de cette exclusion imméritée selon lui. Comme il lui parut qu'elle venait de lancer à la marquise une impertinence que rien ne provoquait, il releva cette impertinence :

— Si j'avais le bonheur de posséder, oin ou près de chez moi, une aussi adorable voisine, il me semble que la question de distance serait très secondaire et n'influencerait en rien mon choix...

Et comme la petite de Montreu le remerciait en minaudant, il reprit :

— Oh ! ne me remerciez pas !... C'est à madame de Gueldre que je faisais allusion !... Je suis convaincu que si elle habitait à dix lieues des Aulnes, Guibray se transporterait chez elle avec la même facilité !...

Il vit que madame de Chavannes le suppliait d'un œil éperdu de se taire, et, pour rompre les chiens, il demanda :

— Il ne se marie donc pas, Guibray ?...

— Non !... son oncle de Jardane lui cherche cependant une femme avec une ardeur !...

La marquise, au supplice, comprit qu'il fallait absolument dire quelque chose. Elle questionna d'un ton indifférent :

— Et il ne trouve pas cette femme tant cherchée ?...

Madame de Montreu répondit :

— Oh !... il la trouvera certainement... car toutes les jeunes filles sont folles de monsieur de Guibray et rêvent de l'épouser !...

— Pas toutes ?... — affirma Yvonne.

Et malgré les signes de sa mère, elle continua :

— J'en connais au moins une qui n'est pas folle de lui... et qui ne rêve pas du tout de l'épouser, car elle a formellement décliné cet honneur !...

Madame de Gueldre demanda :

— Et cette jeune fille, c'est ?...

— Une de mes amies !... — répondit Yvonne en riant.

Et voyant que la marquise allait insister, elle reprit :

— Vous pensez bien que je ne vais pas vous dire qui c'est, n'est-ce pas ?...

Quand tout le monde fut parti, madame de Chavannes dit à Liane :

— Yvonne est stupide !... mais puisqu'elle a commencé à parler, moi j'achèverai... C'est elle, la jeune fille qui n'a pas voulu épouser monsieur de Guibray...

— Elle?... — murmura la marquise stupéfaite.

— Oui!... Quand j'ai vu monsieur de Guibray à Kildare cet été, il m'a plu... et sa situation aussi m'a plu!... Bien né, assez d'argent, gentil, et à une portée de fusil de chez toi!... J'ai eu l'idée de t'en parler... mais je sais que tu as l'horreur de te mêler des mariages... D'autre part, comme je veux marier Yvonne de très bonne heure et que ce garçon m'irait comme un gant, j'ai chargé madame Lagardy de savoir si ma fille réunissait les conditions voulues?... L'oncle Jardane a répondu qu'Yvonne convenait à merveille à lui et à son neveu...

— A son neveu aussi?... Et quand a-t-il répondu ça?...

— Au mois de septembre...

— Ah!... — fit Liane d'une voix enrouée.

Madame de Chavannes reprit :

— Moi, tu comprends, j'avais vu qu'Yvonne le trouvait charmant... je croyais que ça allait marcher comme sur des roulettes?... Ah! bien oui!... Voilà une petite fille qui déclare qu'elle trouve effectivement monsieur de Guibray très agréable, mais qu'elle sait bien que le monde, la chasse, et lui-même, passeront toujours avant sa femme... et qu'elle ne veut pas de ça!... Qu'elle veut un mari qui l'aime... pour qui elle soit, non pas tout, mais plus que le reste...

— Enfin des bêtises!... — interrompit la marquise d'un ton amer.

Mécontente, madame de Chavannes s'écria :

— Blagues tant que tu voudras!... C'était un charmant mariage pour Yvonne!...

— Yvonne ne trouvait pas ça!... — dit la jeune fille en riant — et je suis sûre que madame de Gueldre l'approuve?...

Elle ajouta, en s'asseyant sur un coussin aux pieds de la marquise :

— Car vous ne l'admiriez pas du tout,

— PAS TOUTES?... AFFIRMA YVONNE.

vous, Madame, monsieur de Guibray?... vous rappelez-vous qu'un soir vous avez tenu tête à tout le monde à propos de lui?....

— Oui... — balbutia Liane bouleversée par ce souvenir — oui... tu as raison...

Et aussitôt elle reprit :

— Mais tu sais, moi... la moitié du temps je suis distraite... l'autre moitié je ne sais pas ce que je dis!... Il ne faut jamais, vois-tu, attacher d'importance à mes paroles...

— Maman ! — cria tout à coup Yvonne en s'élançant vers sa mère, — Maman!... Ne mange donc pas comme ça des gâteaux!.. Tu sais bien que ça t'est détestable !...

Et se tournant vers la porte, elle dit à demi-voix :

— Ah! heureusement voilà une visite chic !... Tu n'oseras plus !...

Madame de Gueldre se leva, prête à partir. Mais madame de Chavannes la retint, et, lui présentant un grand jeune homme distingué et élégant qui entrait :

TOI, TU AS QUELQUE CHOSE DE PAS NATUREL...

— Liane !... le comte de Livry... de qui je t'ai parlé... Tu sais ?...

M. de Livry s'inclina devant la marquise, et, en se relevant, l'enveloppa d'un regard très respectueusement curieux et admiratif.

— Allons!... assois-toi un instant ?... — dit madame de Chavannes — tu ne vas pas partir tout de suite ?...

— Si... il faut que je rentre !...

Depuis qu'il avait été question de Guibray, Liane se sentait encore plus triste. Elle avait froid. Il lui semblait que tout s'éloignait d'elle.

M. de Livry demanda :

— Me permettez-vous, Madame, d'aller vous présenter mes hommages ?...

Elle répondit :

— Oui, Monsieur...

Et, d'un pas raide, elle sortit, suivie de madame de Chavannes, qui disait :

— Toi, tu as quelque chose... quelque chose de pas naturel ?...

Puisque la névralgie était consacrée maintenant, autant valait « en jouer ». La marquise murmura :

— C'est cette maudite névralgie !...

— Taratata !... Il ne s'agit pas de ça !... Sais-tu ce que je crois, moi ?...

Elle demanda inquiète :

— Qu'est-ce que tu crois ?...

— Te rappelles-tu l'histoire que tu m'as racontée ?... Tu sais, l'histoire du gardien du château de Blois ?...

— Oui... Eh bien ?...

Madame de Chavannes se mit à rire. Et se penchant à l'oreille de Liane, elle lui dit :

— Eh bien... je crois que tu as rencontré quelqu'un qui, jusqu'à présent, a négligé de te montrer « l'armoire *ousqu*'on met les balais ?... »

XIII

Enfin M. de Guibray se décida à écrire à la marquise une lettre très correcte, très indifférente, dans laquelle il s'excusait de ne pas lui avoir répondu plus tôt. Il était allé en déplacement de chasse, et, à son retour seulement, il avait trouvé la lettre qui l'attendait aux Aulnes.

Quoiqu'elle fût profondément découragée, Liane répondit à ce mot glacial et prudent par une lettre affectueuse et confiante, et une correspondance à peu près régulière s'établit. Jean conserva la note banale et cérémonieuse ; madame de Gueldre, le ton bon enfant qui lui était habituel, avec parfois un mouvement abandonné et tendre qu'elle ne parvenait pas à réprimer.

Au bout de quelque temps, le vicomte annonça à Liane qu'il venait à Paris. Il aurait, disait-il, l'honneur de se présenter chez elle le mercredi suivant.

Pendant la semaine qui précéda cette visite, la marquise parut à ses amis énervée et bizarre. Elle, qui adorait le calme et la tranquillité, ne tenait pas en place. On la rencontrait partout, agitée, fiévreuse, angoissée, ne pouvant plus rester seule. Elle cherchait, par tous les moyens possibles, à brûler le temps qui la séparait de cette rencontre, à la fois redoutée et ardemment attendue.

M. de Livry, dès le lendemain du jour où la permission lui en avait été donnée, était venu chez madame de Gueldre. Et il revenait régulièrement, lui demandant toujours, lorsqu'il se levait après une heure de causerie :

— Vraiment, Madame, vous ne me trouvez pas trop indiscret ?...

Elle répondait, polie, et d'ailleurs sincère :

— Mais pas du tout !... J'ai beaucoup de plaisir à vous voir !...

Et en effet il ne l'ennuyait pas ! Elle le regardait sans le voir, et l'entendait sans l'écouter, comme elle regardait et entendait toutes choses depuis que sa pensée l'emmenait toujours au loin.

M. de Livry est un très joli garçon un peu trop joli, un peu trop élégant, un peu trop chic, un peu trop riche, auquel on ne peut guère reprocher que la légère exagération d'une infinité de qualités qui, à un degré moindre, le rendraient probablement très séduisant. Il cause agréablement de toutes choses et ne parle jamais de lui. Assez sec et cassant avec les hommes, il est avec les femmes d'une politesse caressante, respectueuse, et exquise.

La veille du jour où elle devait recevoir Jean, la marquise, n'ayant pas rencontré madame de Chavannes, qui lui avait donné rendez-vous aux Acacias, renvoya sa voiture et revint à pied du Bois. Au moment où elle allait traverser l'avenue de l'Impératrice pour rentrer chez elle, M. de Livry, qui passait en phaéton, la salua.

M. DE LIVRY...

Elle s'arrêta, demandant :

— Comment ?... Vous allez au Bois si tard ?... Il va faire nuit !...

Le jeune homme avait vu que madame de Gueldre rentrait. Il répondit, en descendant rapidement de voiture :

— Je ne vais pas au Bois, Madame... Je croyais que c'était aujourd'hui mercredi... et je venais vous faire une visite !... C'est en arrivant à votre porte que je me suis souvenu que nous étions au mardi seulement...

Liane sauta sur cette occasion de n'être pas seule jusqu'au dîner.

— Qu'est-ce que ça fait ?... Vous allez entrer tout de même ?...

— Non !... si indulgente que vous soyez, vous me trouveriez à la fin trop encombrant ?...

Elle insista gentiment :

— Mais non... pas du tout !...

Il se décida à entrer, et, tandis qu'elle défaisait son chapeau, il suivait tous ses mouvements d'un œil attentif et surpris.

Depuis que M. de Livry avait rencontré la marquise, il l'étudiait avec un intérêt étonné.

Elle ressemblait si peu aux femmes qu'il connaissait jusqu'à présent !

Sa gaieté, sous laquelle il sentait une pointe de tristesse ; son absence totale de coquetterie, son indulgence aimable, sa simplicité, le surprenaient fort et le charmaient très vivement. Physiquement, il la trouvait pas jolie, mais bizarre, et, telle quelle, elle lui plaisait infiniment. Il avait pour elle un caprice différent de ses autres caprices. Un caprice d'un genre nouveau, qui déjà lui faisait éprouver des sensations raffinées et inconnues. Et, un peu inquiet de la réussite de ses projets, il se demandait, en regardant Liane aller et venir dans le salon :

« Quelle femme est-ce ?... Comment faut-il procéder ?... »

Ce soir-là, elle se montra singulièrement aimable et captivante. Désireuse, avant tout, d'échapper à elle-même et de faire rester le jeune homme jusqu'à l'heure où elle s'habillerait pour aller dîner en ville, elle causa vraiment, évitant les distractions et les silences qui lui étaient devenus habituels.

Une fois, M. de Livry s'avança vers elle, le visage inquiet, prêt à parler, et comme si ce qu'il allait dire lui coûtait quelque effort. Mais la marquise, toujours absorbée dans son unique pensée, ne vit que le mouvement, et demanda, croyant que le jeune homme venait de prononcer un mot qu'elle n'avait pas entendu :

— Qu'est-ce que vous disiez ?...

Un peu interloqué, il murmura :

— Je ne disais rien !...

Et, au bout de quelques minutes, il partit très agacé et tout à fait amoureux, se demandant :

« Voyons ?... Faut-il oser ou ne pas oser ?... Drôle de femme ! »

Quand Liane, le lendemain, courut au-devant de M. de Guibray, elle se promettait de rester maîtresse d'elle-même. Elle avait tant souffert, pendant ces quelques mois, qu'elle ne voulait plus s'abandonner à un bonheur d'un instant pour retraverser ensuite les mêmes souffrances. Mais dès que, la porte refermée, elle se vit seule avec Jean, dès qu'elle se sentit enveloppée de ses bras, elle oublia toutes ses résolutions et se rejeta à corps et à cœur perdus dans son amour.

Elle se serrait follement contre lui, tandis qu'il répétait, couvrant de baisers le petit visage tout pâle qui s'offrait à ses caresses :

— J'avais tant besoin de vous revoir !...

Liane posa ses doigts sur la bouche de Guibray, pour l'empêcher de parler. Elle voulait que rien ne troublât sa joie, et cette phrase lui avait déchiré l'oreille, comme une fausse note.

Non !... ça n'était pas vrai !... Il n'avait pas besoin de la revoir !... Il serait venu plus tôt ?... Rien ne l'empêchait de venir ?... Et surtout il lui aurait écrit moins sèchement des lettres moins rares. Quand elle sentait les caresses de Jean, elle était tout près de croire à son amour ; mais dès qu'elle entendait sa voix affirmer cet amour, toutes ses espérances s'enfuyaient au loin.

Tout à coup il demanda :

— Je sortirai à pied !...

— Oui... mais pour où aller ?... Vous ne pouvez pas venir avec moi dans un hôtel, n'est-ce pas ?...

— Je n'en sais rien !... Je vous dis simplement ceci : Où vous me direz d'aller, j'irai !...

— Mais c'est qu'en vérité, je ne vois pas trop ?... Voyons, trouvez quelque chose ?...

Stupéfaite, elle balbutia :

LIANE POSA SES DOIGTS SUR LA BOUCHE DE GUIBRAY...

— Est-ce que, à Paris, je ne peux pas vous voir autrement que dans ce salon ?... Il me semble qu'il y a encore plus de portes et de fenêtres qu'à Kildare ?...

Comme deux mois plus tôt, la marquise répondit :

— Je ferai ce que vous voudrez ?...

Il parut embarrassé.

— C'est que je suis ici chez mon oncle !... Vous ne pouvez pas venir chez mon oncle ?... Sortez-vous souvent ?...

— Presque tous les jours...

— Le diable, c'est qu'il y a votre cocher qui sait où il vous mène ?...

— Que je trouve quelque chose ?... moi ?...

Et après un silence, elle ajouta avec une tristesse narquoise :

— Vous me croyez, je vous assure, beaucoup plus... débrouillarde que je ne le suis ?...

Il reprit avec une moue d'enfant gâté :

— Moi qui comptais vous voir un peu plus librement à Paris !... Comment ?... nous ne pouvons pas découvrir un moyen quelconque ?...

Elle secoua la tête pour dire :

— Que voulez-vous?... Je n'ai pas l'habitude de ça, moi !...

Il s'écria :

— Voyons?... il faut absolument que je vous voie... n'importe où... aujourd'hui ou demain, car je pars vendredi.....

Elle balbutia, atterrée :

— Comment, vous partez ?...

— Oui... j'accompagne mon oncle à Nice...

— Et vous revenez quand?...

— Je ne sais pas !...

Liane, le cœur affreusement serré, resta un instant sans rien dire. Il répéta :

— Il faut pourtant que je vous voie ?...

Sans regarder M. de Guibray, elle balbutia d'une voix incertaine :

— Écoutez!... Si vous voulez... ma chambre est là... au rez-de-chaussée... je peux vous faire entrer cette nuit?...

Il bondit et cria effaré :

— Jamais de la vie !... par exemple !...

Et suffoqué, il reprit encore :

— Ici !... jamais !...

L'intonation était si drôle, l'ahurissement si profond, que malgré son chagrin madame de Gueldre éclata de rire en disant :

— Je vous offrais la seule chose que je pouvais vous offrir?... Ça ne vous va pas... n'en parlons plus !...

— Ça ne me va pas... parce que c'est fou!... Trouvez quelque chose de raisonnable ?

— Ah ! voilà !... C'est que justement je ne suis pas raisonnable, moi !...

Et elle ajouta en souriant :

— Mais qu'est-ce que ça fait, puisque vous l'êtes pour deux ?...

Il murmura avec un peu d'embarras :

— Allons, bon !... Voilà à présent que j'ai l'air de... que vous allez croire...

Brusquement, elle l'interrompit :

— Je ne crois rien !...

Et, découragée, profondément lasse, elle pensa :

« C'est bien vrai que je ne crois rien ! rien ! rien !... »

Jean s'agenouilla devant elle et voulut l'attirer à lui. Mais elle le repoussa doucement.

— Prenez garde!... On entre ici à chaque instant !...

Il s'assit sur une petite chaise, tout près d'elle, et s'emparant de sa main se mit à l'embrasser doucement, en relevant la manche pour monter jusqu'au haut du bras, comme il avait fait la première fois à Kildare.

Toute remuée par cette caresse, mais bien résolue à cacher à présent son émotion et son amour, la marquise commença à parler de choses et d'autres ; des voisins de campagne, de Vannes... de Nice où Guibray allait. Et il répondait gaiement, l'esprit libre, causant de tout gentiment, parfois même avec un brin d'humour. A la fin elle demanda :

— A propos!... Vous ne m'avez pas dit que vous avez failli vous marier cet automne?...

Il répondit en riant :

— J'ai failli tant de fois me marier!...

— Oui... mais cette fois, il s'agissait d'une petite amie que j'aime beaucoup... Yvonne de Chavannes ?...

— Ah ! oui !... il en a été sérieusement question !...

Et vivement il demanda :

— Puisque vous êtes au courant de cette histoire... Dites-moi donc ce qui a fait manquer l'affaire ?...

Comme elle ne répondait pas, il continua sans cesser de couvrir son bras de baisers très doux :

— J'ai été très ennuyé!... Ça me convenait parfaitement, ce mariage-là!...

Involontairement elle se recula. Cette

inconscience l'écœurait un peu. Et elle souffrait de sentir que, malgré tout, son amour, sans s'illusionner, restait vivace et profond.

Au moment où Jean prenait congé d'elle, lui baisant une dernière fois la main, elle lui dit :

— Vous n'oublierez pas ce que vous m'avez promis, n'est-ce pas ?...

— Qu'est-ce que je vous ai promis ?...

— De me faire part vous-même de votre mariage... avant qu'il ne soit connu... afin que je ne l'apprenne pas à l'improviste ?...

Du seuil de la porte, il répondit :

— C'est convenu !...

Restée seule, Liane toute frissonnante considéra un instant son visage pâle et aminci en disant :

— C'est fini !... Je ne suis plus assez jolie pour qu'il m'aime !...

Elle se retourna en entendant ouvrir la porte et fut surprise de voir qu'on introduisait M. de Livry.

Le jeune homme s'avançait en souriant mais son sourire s'effaça devant le visage sérieux de la marquise, et il demanda presque craintivement :

— Je ne vous dérange pas ?... Vous ne trouvez pas que j'abuse ?...

Déjà Liane regrettait la raideur de son accueil. C'était injuste, en somme, de faire payer à ce malheureux garçon, qui n'en pouvait mais, les ennuis causés par un autre que lui. Il venait bien un peu trop souvent, mais puisque hier elle avait été bien aise de le voir, pourquoi lui ferait-elle moins bonne mine aujourd'hui ?...

Elle s'assit dans la grande bergère qu'elle venait de quitter un instant auparavant, et lui indiqua un siège. Puis, elle commença à causer... à causer pour s'étourdir et oublier.

Lui, plus silencieux au contraire que d'habitude, la regardait étrangement. Depuis la veille, il n'avait pas cessé de penser à elle. Habitué à plaire aux femmes de tous les mondes, à rencontrer peu ou pas de résistance, il n'admettait point qu'un de ses désirs ne devînt pas très promptement une réalité. Et, cette fois, il était inquiet. Souvent, il avait parlé de la marquise dans des milieux où on lui répondait avec aplomb :

« — Madame de Gueldre !... Charmante femme !... un tempérament et pas de préjugés !... — » Et néanmoins, il hésitait à aller de l'avant. Il lui semblait, à lui, qui avait une grande expérience des femmes, que celle-là n'avait jamais fait le plus petit faux pas. Il devinait cela à son regard limpide et appuyé, à son sourire éclatant, à son indulgente bonne humeur. Et l'idée qu'il pouvait se heurter à une honnêteté ou à une indifférence le tourmentait fort ! Tout en la marquise l'intriguait et le déroutait. Comment s'y prendre avec elle ?... Et plus il avait besoin de sang-froid et de présence d'esprit, plus il perdait la tête.

Madame de Gueldre, si préoccupée qu'elle fût, s'aperçut tout de suite qu'il était « tout chose ». Mais elle n'y prit pas garde, et fit de son mieux pour boucher les nombreux trous de la conversation languissante.

Tandis qu'elle s'ingéniait à dégeler M. de Livry, une des bûches consumées se brisa par le milieu, envoyant rouler dans l'âtre des tisons fumeux. M. de Livry se leva pour réparer le désordre, mais déjà Liane à genoux la pincette à la main, ramassait les débris épars. Il resta debout derrière elle, respirant le parfum qui montait des cheveux blonds tordus bas sur la nuque, où frisaient des bouclettes brillantes et drues. Et tout à coup, s'inclinant vers la marquise, il lui saisit la tête à pleines mains et renversant en arrière son visage, il couvrit de baisers emportés et chauds ses yeux tout remplis de stupeur.

Violemment, d'un mouvement à la fois onduleux et brutal, elle se dégagea. Et, se dressant toute droite, rouge de colère, elle dit seulement :

— Oh ! ! !...

M. de Livry s'était reculé, effaré de ce qu'il venait de faire. Il balbutia :

— Madame... je vous demande ardon !...

Puis, attachant sur elle ses beaux grands yeux gris, aux paupières un peu lourdes, il dit dans un élan sincère :

— Il faut me pardonner!... Je vous aime tant, tant !...

Liane qui le regardait, et se souvenait des baisers dont ses yeux étaient meurtris, fut convaincue qu'il disait vrai, et qu'en cet instant il l'aimait de toutes ses forces. Et involontairement elle pensa :

« Si j'offrais à celui-là ce que j'ai offert à l'autre tout à l'heure, je crois qu'il ne me répondrait pas : « Jamais de la vie ! »

M. de Livry restait arrêté devant elle, doux et respectueux. Il demanda d'une voix qui tremblait un peu :

— Voulez-vous me pardonner ?... dites ?...

Elle jugea que le mieux était de n'avoir pas l'air d'attacher d'importance à l'aventure. Alors elle répondit souriante :

— Sans doute !... je vous pardonne... mais je vous invite à ne plus recommencer...

Le jeune homme inclina une dernière fois devant la marquise sa haute taille élégante, et sortit sans parler.

Alors Liane, encore un peu émue, s'approcha de la glace pour lisser les cheveux qu'elle sentait envolés autour de son front. En ce moment elle se trouva fraîche et jeune, et se dit toute joyeuse :

« Si un homme qui a la facilité de choisir parmi les plus jolies femmes a été un instant amoureux de moi, c'est qu'on peut encore m'aimer ?... Jean m'aimera peut-être encore ? »

Puis, pensant à la mine penaude de M. de Livry, elle murmura en riant :

— Et je l'ai brusqué ce pauvre garçon!... J'aurais dû le remercier, au contraire !...

XIV

— Veux-tu me rendre le service d'emmener Yvonne au patinage ?... — demanda madame de Chavannes qui entrait suivie de sa fille — son frère est un tel étourneau que je n'aime pas à la lui confier !...

Et s'apercevant que le marquis était seul dans l fumoir :

— Ah !... je vous demande pardon !... Je croyais que Liane était là ?...

— Elle est allée mettre son chapeau... je vais la faire avertir...

— Dites donc ?... Vous ne trouvez pas qu'elle change terriblement ?...

— Qui ça ?..

— Liane!...

— Croyez-vous ?... — répondit distraitement M. de Gueldre.

— Ça crève les yeux!... Elle devient maigre comme un coucou... Et puis, la moitié du temps, elle est triste... ou alors, si elle est gaie, elle l'est trop !...

— Que voulez-vous ?... Les femmes manquent toujours de mesure !...

L'œil clair d'Yvonne se posa, dur et méprisant, sur le marquis. Elle adorait madame de Gueldre et elle s'indignait

IL COUVRIT DE BAISERS SES YEUX TOUT REMPLIS DE STUPEUR.

de l'indifférence ironique qu'affectait son mari en parlant d'elle.

Agacée aussi, madame de Chavannes avait pris *Le Gaulois* posé sur la cheminée et le parcourait en se chauffant.

— Je vois — dit-elle — que votre voisin Jardane est à Nice ?...

— Mais... je ne sais pas trop !...

Et se tournant vers sa femme qui entrait, le marquis demanda :

— Liane ?... Quand donc Guibray est-il venu vous voir ?...

Elle répondit :

— Mercredi dernier... je crois !...

— IL PARAIT QUE TU VIENS PATINER AVEC MOI ?...

— Oui... Guibray aussi !... Il était ici il y a quelques jours !...

— Ah !... — fit avec intérêt madame de Chavannes.

Au fond, elle conservait l'espoir qu'Yvonne reverrait le vicomte et changerait peut-être d'avis quand elle le connaîtrait davantage. Elle reprit :

— Quand monsieur de Guibray était-il ici ?...

Et s'adressant à Yvonne :

— Il paraît que tu viens patiner avec moi ?...

— Oui... — dit madame de Chavannes — moi je ne patine pas, j'ai vraiment trop froid !... Ils sont heureux à Nice !... ils voient le soleil, eux !...

Elle continuait à regarder *Le Gaulois;* tout à coup, elle poussa un cri !...

— Ah !... voilà !... On fait des manières... et puis après... trop tard si on veut se raviser !... Ça y est !... Il est marié !...

— Qui donc ?... — demanda madame de Gueldre qui mettait ses gants.

— Monsieur de Guibray, parbleu !...

— Marié ?... — balbutia Liane, qui était devenue toute blanche.

— Quand je dis marié, c'est une façon de parler... Il se marie, enfin !...

— Qui épouse-t-il ?... — demanda le marquis.

Yvonne répondit en riant :

— Mademoiselle de Grossac !...

Madame de Chavannes se leva furieuse :

— Tais-toi !... C'est stupide, ce que tu dis là !...

Et, très énervée de voir son projet tout à fait anéanti, mécontente de la gaieté de sa fille, elle tapa sur le journal pour indiquer les lignes qui dansaient devant ses yeux, et cria rageusement :

— Il fait un mariage superbe, au contraire !... Il épouse une gueule d'argent !...

— Vous dites ?... — fit le marquis étonné, tandis qu'Yvonne se roulait sur un des divans, en répétant :

— Une gueule d'argent !... une gueule d'argent !...

Puis, voyant que sa mère les regardait sans comprendre, elle vint d'une glissade se pendre à son cou en disant :

— Pauvre maman ! va !...

Madame de Gueldre, debout à la même place, les paupières baissées, les lèvres tremblantes, continuait à mettre ses gants d'un mouvement lent et régulier. Elle craignait d'être obligée de parler ou de bouger. Sans voix, les jambes fauchées, incapable de faire un pas ou de prononcer un mot, elle écoutait son mari, qui à présent lisait :

« On annonce le mariage de M. Marie-François-Jean, vicomte de Guibray, neveu de M. de Jardane, l'un des plus grands propriétaires du Morbihan, avec Mademoiselle Louise-Marie-Caroline de Lancey, fille de M. René-Guillaume, baron de Lancey, et de la baronne, née des Ramures. »

M. de Gueldre respira ; puis il acheva dans un fou rire :

« *Armes :* de gueules, au sautoir d'argent. »

Et Yvonne, reprise d'un nouvel accès

IL ÉPOUSE UNE GUEULE D'ARGENT !...

de gaieté, se mit à gambader à travers le fumoir en criant :

— Une gueule d'argent !... une gueule d'argent !...

Madame de Chavannes, qui avait pris aussi le parti de rire, interpella tout à coup la marquise.

— Et toi ?... Qu'est-ce que tu dis de ça ?...

Liane balbutia dans un violent effort :

— Rien !... qu'est-ce que tu veux que j'en dise ?...

Plus pratique, et pensant au voisinage si rapproché des Aulnes, M. de Gueldre s'écria :

— Pourvu qu'elle soit agréable, au moins, la gueule d'argent ?...

Liane était au supplice. Elle se tourna vers Yvonne :

— Allons !... Viens-tu, petite ?...

Elle sortit, suivie de la jeune fille, tandis que, se rasseyant au coin du feu en face du marquis, madame de Chavannes demandait, avec un dédain méfiant :

— Est-ce que vous connaissez ça, vous, les Lancey ?...

La fin de la journée parut à la marquise horriblement longue. En filant, rapide et souple, au milieu des patineurs qui la saluaient ou l'arrêtaient, et à qui elle était forcée de répondre et de sourire, elle se sentait isolée, perdue, absolument seule! Il n'y avait plus d'espoir possible!... C'était fini, fini pour toujours !... « Toujours ! » Ce mot à présent lui paraissait sinistre et lui faisait entrevoir un déroulement infini de meurtrissures et de désespoirs ! Ainsi, c'était ça l'amour ?... Ça vivait dans les larmes, ça sombrait dans le ridicule... et ça ne pouvait pas mourir ?... Car elle sentait bien que malgré la scène grotesque de tout à l'heure, malgré le manque de parole de M. de Guibray, elle l'aimait toujours, elle l'aimait sans pouvoir se reprendre.

Elle eut honte de voir que cet amour la possédait toute. Et elle pensa :

« Je ne peux pas vivre comme ça !... Je ne peux pas! »

Et, tout de suite, l'idée de mourir lui vint. Pourquoi pas ?... Ça lui coûterait si peu ? Oui, mourir !... Mais comment ?.. Ça n'était pas, au fond, aussi simple que ça en avait l'air ?... Se tirer un coup de revolver ?... Elle avait l'effroi des armes à feu : elle se manquerait sûrement !... Se noyer ?... Dans la Seine au milieu des glaçons boueux ?... Et puis, elle nageait trop bien, elle n'aurait jamais la force de volonté nécessaire pour se laisser couler à pic. Et aussi, pour son mari, elle n'avait pas le droit de finir ainsi! Si elle mourait, il fallait absolument qu'on ne sût jamais, ni lui, ni personne, qu'elle n'était pas morte naturellement ? Et, alors, elle songea que, au contraire, en mourant bruyamment, elle causerait peut-être à Jean une dernière satisfaction d'amour-propre ?... Certes, il ne dirait pas tout haut : « C'est pour moi qu'elle s'est tuée ! »... Mais il penserait : « Faut-il qu'elle m'ait aimé tout de même ?... » Et ça le flatterait !

Elle fit signe à Yvonne de rentrer, et conclut :

« Voilà !... le difficile est de trouver une mort propre ! »

Pendant qu'elle enlevait ses patins, M. de Mons demanda :

— Vous avez votre voiture ?...

— Non !... Yvonne veut bien revenir à pied... Nous demeurons si près d'ici !...

— Est-ce que je peux vous accompagner ?...

— Est-ce que nous pouvons aussi ?... — dirent Juvisy, Halsen et Damartin, — nous ferons suivre les voitures jusqu'à votre porte...

Halsen regarda autour de lui et demanda à la marquise :

— Vous n'avez pas vos chiens ?...

— Si !... ils m'attendent au tir !... je ne les laisse pas venir sur la glace, ils feraient peut-être tomber quelqu'un...

Halsen observa :

— Ils feraient même tomber tout le monde !...

Au moment où la marquise appelait Toc et Vlan, qui se précipitaient joyeusement vers elle, une bonne voix pleine et goguenarde s'écria :

— Ah!... Je vois avec plaisir, Madame, que vous ne vous ressentez plus du tout de votre indisposition ?...

Elle se retourna :

— Tiens!... Qu'est-ce que vous faites ici, docteur?... Est-ce qu'il est arrivé un malheur ?...

— Un accident... un microscopique accident !... C'est mademoiselle de Saint-Leu qui est tombée et s'est légèrement... oh! très légèrement... foulé le pied.. Elle a été tout de suite admirablement soignée par sa mère d'abord... et aussi par monsieur le marquis d'Argos... un homme charmant... qui assistait à sa chute!...

Yvonne se mit à rire en disant :

— Vous êtes un très méchant docteur !...

— Moi ?... pas du tout !...

Et, bourru :

— Je trouve seulement que c'est pas la peine de me faire quitter ma consultation... où m'attendent peut-être des vrais malades... pour me faire venir avec ma trousse... regarder flirter des gens qui n'avaient pas besoin de moi pour ça ?...

Il se tourna de nouveau vers la marquise et demanda :

— Est-ce que vous avez fait des piqûres ?...

Madame de Gueldre rougit. Elle se reprochait d'avoir joué la comédie pour sa névralgie comme la petite de Saint-Leu pour son pied. Elle répondit :

— Non docteur!... J'ai horriblement peur de la morphine, vous savez ?...

— La morphine n'a, pour les gens raisonnables, aucun inconvénient...

Sans savoir exactement pourquoi elle faisait ce nouveau mensonge, Liane reprit :

— J'en ai une peur si ridicule que j'ai jeté la petite bouteille!... Je ne veux pas qu'il y ait de morphine à la maison... Et puis, ma névralgie ne doit pas être une

— UN MICROSCOPIQUE ACCIDENT !...

névralgie... Vous riez ?... Je vous assure que ça change de place!... J'ai des étouffements... des battements de cœur...

Et voyant que le docteur l'écoutait en souriant sans répondre, elle ajouta :

— Vous verrez ?... Je mourrai un

beau jour sans qu'on sache de quoi ?... Tout à coup, pan!... d'une chose quelconque et inconnue... Vous verrez ça ?...

Le docteur haussa imperceptiblement les épaules, et rejoignit sa voiture qui stationnait contre la palissade du tir aux pigeons.

Juvisy demanda en riant à la marquise :

— Ça vous prend souvent, ces gaietés-là ?...

Elle se mit à rire aussi et répondit :

— Quelquefois...

— Tenez! — dit M. de Mons, en montrant Toc et Vlan qui levaient vers leur maîtresse leurs bons yeux intelligents — on croirait vraiment que vos chiens ont entendu les absurdes choses que vous venez de dire ?...

Elle regarda les deux chiens :

— Ils m'aiment!... C'est vrai!... Mais ils vous aiment presque autant que moi !...

— Oh ! non !...

— Appelez-les donc ?... Là!... Vous voyez comme ils vous caressent?... Ils se promènent si souvent avec vous... et vous êtes si bon pour eux !...

— Je n'ai à ça aucun mérite !... J'adore les animaux!... et, à Paris, je n'en ai pas !... Il faudra que j'achète un chien ?... non, deux chiens !... un seul s'ennuierait en tête à tête avec moi !...

Halsen regarda Toc et Vlan :

— Ces deux-là sont peut-être très beaux, dit-il doucement — mais ce n'est pas le genre de beauté qui me plaît ?...

Yvonne répondit :

— Madame de Gueldre a ramassé Toc écrasé sous un omnibus place de la Bourse... et elle a trouvé Vlan à Clichy, passage du Soleil!... Il était à un vieux chiffonnier qui allait le tuer, parce qu'il ne pouvait plus payer la taxe... On avait essayé de le perdre, mais il revenait toujours...

Liane dit, en caressant affectueusement les deux grosses têtes velues :

— Ils sont affreux et ridicules, mes chiens !... Mais ils m'aiment tout autant que s'ils étaient jolis !...

Et elle pensa :

« Ce sont probablement les seuls êtres qui m'aiment !... »

XV

Toc et Vlan étaient toujours dans la salle à manger pendant les repas, et aussi un des grands chiens de chasse de M. de Gueldre. Un matin, Vlan, voulant s'emparer du fromage posé sur une table de service souleva sournoisement du bout de son nez noir et humide le globe de cristal qui roula à terre avec fracas.

Le marquis sauta en l'air et s'écria en colère :

— Ils sont odieux, ces chiens-là !...

Liane, qui habituellement était d'humeur très facile, s'emporta. Et son mari, étonné, lui fit remarquer qu'elle était aujourd'hui bien nerveuse.

Elle dit doucement :

— C'est vrai!... Il faut me pardonner!... Depuis quelque temps, je ne me sens pas très bien...

— Qu'est-ce que vous avez ?...

— Je ne sais pas... mais j'ai quelque chose, bien sûr !...

M. de Gueldre répondit, moqueur :

— Comme explication, c'est vague !...

Après le déjeuner, la marquise sortit à pied emmenant ses chiens, et alla chez M. de Mons qui demeurait rue de la Faisanderie dans un joli hôtel situé au milieu d'un jardin.

Il fut stupéfait de voir entrer Liane :

— Est-ce qu'il vous est arrivé quelque chose ?...

— Non !... Je viens vous prier de me rendre un service ?...

— Lequel ?...

— C'est de prendre mes chiens !... J'ai eu ce matin, à leur sujet, une petite discussion avec Henry, qui les trouve assommants... et je ne veux pas que ça se renouvelle !... Voulez-vous me faire le plaisir de les prendre et de les garder toujours... ou, si pour une raison ou pour une autre, vous ne pouviez pas les conserver, de les faire tuer « devant vous ?... »

— Mais... — dit Bernard tout surpris — comment est-il possible que vous consentiez à vous séparer de ces deux chiens qui ne vous quittent jamais...

— Je sais qu'avec vous, ils seront plus heureux encore qu'avec moi !... Vous m'avez dit un jour que tous vos domestiques aiment les bêtes !... Vous avez un grand jardin... vous vous promenez au Bois, à pied ou à cheval pendant la moitié de la journée... l'été vous allez à la campagne...

— Oui... mais vous ?... Ils ne vous verront plus ?...

— Bah !... ils me rencontreront comme ils vous rencontraient auparavant... et d'ailleurs, ils m'oublieront vite !...

Elle aperçut Toc, qui venait de se coucher sur un divan, et elle voulut le faire descendre.

Le chien étendu sur le ventre, les pattes allongées, la regarda en remuant la queue mais ne bougea pas.

Elle se levait pour le prendre par son collier, M. de Mons s'y opposa :

— Permettez !... à présent, il est ici chez lui !...

— C'est vrai ! — dit la marquise en souriant.

Et, regardant autour d'elle, elle ajouta :

— C'est très joli, chez lui !...

— Vous trouvez ?... Voulez-vous voir ma petite maison ?... J'ai des tableaux qui vous plairont ?...

Elle se leva prête à le suivre. Les deux chiens, couchés à présent côte à côte, la regardèrent sans faire un mouvement.

— Voyez-vous, — dit la marquise, — ils ont compris ce que je vous ai dit !...

Et gaiement :

— Ce qui sera drôle, c'est que quand ces pauvres vilaines bêtes auront été vues avec vous, elles vont devenir deux types d'élégance !... Tous les petits jeunes gens qui cherchent à vous imiter, beaucoup de cocottes, et quelques femmes du monde, vont s'ingénier et remuer toute la terre pour trouver des chiens pareils à ceux-là...

Elle éclata d'un rire jeune et frais.

— Et pour en trouver d'aussi laids, il faudra trimer ferme !... C'est égal, je parie que, dans deux ou trois ans, Paris sera couvert de grands Tocs et de gros Vlans ?...

Et, distraite, elle ajouta :

— Ça m'aurait amusée de voir ça !...

— Comment, ça vous « aurait » amusée ?... — interrogea M. de Mons, — pourquoi parlez-vous comme si vous ne deviez pas le voir ?...

Elle répondit, un peu interdite :

— Comment ai-je parlé ?...

Bernard secoua la tête, et, tristement :

— Vous avez parlé comme quelqu'un qui a l'idée de mourir ?...

Elle protesta brusquement :

— L'idée ?... Ah ! mais non !... La crainte, oui !... Notez que je ne dis pas la peur ?... Vous avez bien vu qu'hier j'ai expliqué au docteur que je me sentais malade ?... Et puis, vous savez, moi, j'ai beaucoup étudié les mains, les écritures et les horoscopes...

— Eh bien ?...

— Eh bien ! dans ma main, dans mon écriture et dans mon horoscope, je vois se répéter les mêmes signes...

— Qu'est-ce qu'ils disent, ces signes?...

— Ils se contredisent sur quelques points... mais il en est un sur lequel tous sont d'accord...

— Et c'est ?...

— Vie courte !...

— Vous croyez à toutes ces bêtises ?...

Elle le menaça du doigt.

— Vous y croyez encore plus que moi, vous ?... Vous souvenez-vous qu'un soir, à Deauville, vous m'avez montré vos mains ?...

— Oui...

— J'ai bien vu que vous en saviez là-dessus tout aussi long que moi !... J'ai vu aussi que votre main est la plus belle, la plus droite, la plus honnête que j'aie jamais regardée !... Et vous avez une admirable ligne de vie, vous !...

Elle acheva en riant :

— Aussi je suis tranquille sur le sort de Toc et de Vlan !... Vous les enterrerez !... Et maintenant, montrez-moi vos tableaux ?...

Quand elle eut visité les salons, la salle à manger et la bibliothèque, Liane, demanda :

— Je voudrais voir aussi votre chambre ?...

Monsieur de Mons s'inclina, et, ouvrant une porte, introduisit la marquise dans une grande pièce tendue, murs et plafond, en toile à voile. Un lit très étroit et très bas ; des armes ; une chasse de Lewis Brown ; une petite danseuse de Forain, au pastel, faisant bouffer sa jupe bleuâtre derrière un portant ; des jockeys de Degas ; un champ de coquelicots de Money ; un faune de Clodion ; une femme nue de Rodin. Sur un grand bureau Louis XVI, dans un merveilleux petit cadre ancien, une photographie, celle de Liane, photographie instantanée faite deux ans plus tôt au tir aux pigeons ; quand elle patinait, les mains dans un manchon, le nez au vent, toute emmitouflée de fourrures, avec, au coin, cette dédicace :

« A monsieur de Mons

» LE BON GARÇON. »

— Ah ! — s'écria madame de Gueldre — c'est gentil d'avoir mis le bon garçon dans ce si joli cadre !...

Et, un peu embarrassée de se voir trôner ainsi dans la chambre de Bernard, elle demanda, ne sachant que dire :

— Vous n'avez pas d'autres photographies ?...

— Non... je n'ai que celle-là !...

En questionnant, elle regardait autour de la grande pièce. Tout à coup, elle rougit et resta les yeux fixés sur un objet qu'elle venait d'apercevoir.

Au-dessus du lit, sous un christ de vieil ivoire, se détachait un bibelot ancien, à moitié cadre, à moitié bijou, renfermant une petite fleur séchée. Et cette pauvre fleur pâlotte, cette humble petite fleur sans nom, Liane la reconnaissait bien... C'était celle que Bernard lui avait demandée le jour où il lui avait dit qu'il l'aimait.

Il vit ce qu'elle regardait, et, d'un ton bourru :

— Oui !... C'est bête !... C'est vieux jeu !... C'est romance !... Vous vous moquez de moi, n'est-ce pas ?... Vous avez raison !...

Elle tourna vers lui son visage tout couvert de larmes, et, lui tendant les deux mains, elle balbutia :

— Vous m'aimiez bien, vous !...

Il s'inclina, posant son front sur les mains de Liane, et dit d'une voix chaude, qui la fit frissonner toute :

— Si, au moins, je vous savais heureuse ?...

Elle pensa, désespérée :

« Pourquoi n'est-ce pas lui que j'aime ? »

Et aussitôt une peur la prit qu'il ne sût qui elle aimait !... Elle eut honte et dit en retirant doucement ses mains :

— Il faut que je m'en aille !...

XVI

Pendant la semaine qui suivit sa visite chez Bernard, Liane se montra d'une gaieté extrême. Madame de Chavannes, ravie, répétait :

— Enfin!... Je te reconnais à peu près... et quand ta bonne frimousse sera revenue, ça sera tout à fait toi !...

Et Yvonne disait à Faucher :

— N'est-ce pas, l'Oncle, elle va tout à fait bien, madame de Gueldre ?...

Mais Faucher, qui trouvait que la marquise avait les pommettes trop roses et les yeux trop brillants, secouait la tête sans répondre.

La légende de la « maladie inconnue » avait d'ailleurs fini par s'établir, à tel point que M. de Gueldre lui-même s'était cru obligé de dire :

— Il faudra peut-être revoir le docteur ?...

— Bah ! — avait répondu Liane — si je suis plus souffrante, il sera temps de le faire venir!... En ce moment, il ne pourrait rien dire, je ne suis pas malade !...

Un matin, elle fit prévenir le marquis qu'elle était fatiguée et ne monterait pas à cheval. Dès qu'elle l'eut vu partir, elle sortit elle-même, prit un fiacre et se fit conduire à Saint-Roch. Depuis longtemps elle n'y allait plus, et puis, ce n'était pas son heure. Aussi la petite vieille des cierges leva les bras au ciel en l'apercevant, et, tout de suite, demanda :

— Un cierge de cinq francs, n'est-ce pas, madame ?...

— Non... — dit Liane — je veux tout !... Tout ce que vous avez !...

Et comme la bonne femme la regardait, la bouche ouverte et l'œil stupide, elle ajouta :

— Je veux rattraper le temps perdu!...

Quand tous les cierges grands et petits furent allumés ; quand Liane eut vu trembler leurs jolies flammes claires, elle dit à Dieu, confiante :

— Ils vous implorent pour moi, ceux-là, mon Dieu !... Pardonnez-moi !... et prenez-moi ?...

Et, au moment de sortir, elle se retourna pour revoir encore ce petit coin de la vieille église, gaiement illuminé par les cierges qui, cette fois, brûlaient pour elle.

Quand elle rentra, M. de Gueldre n'était pas encore revenu du Bois. Elle se dit :

« J'ai le temps de m'habiller avant le déjeuner... Ça vaut mieux!... ça aura l'air plus naturel !... »

Ouvrant l'immense armoire où elle mettait ses robes, elle les regarda et murmura en souriant :

— Il faut que je choisisse la plus jolie de mes « housses blanches »... comme dirait Faucher !

Elle mit une grande blouse de velours d'un blanc éclatant, à longue traîne, qui tombait autour d'elle en plis très doux. Elle attacha ses cheveux avec un peigne d'écaille blonde. Puis, comme on sonnait le déjeuner, elle se regarda rapidement dans la glace et pensa :

« C'est parfait !... Quand on s'apercevra de... de la chose... c'est Hélène de Chavannes qu'on ira chercher probablement ?... Et elle ne me laissera pas déshabiller !... Elle dira : « On ne peut rien lui mettre de mieux que ça !... » Ça m'est désagréable de penser qu'on pourrait me toucher !... Je n'ai jamais supporté ça... même de « mon vivant »... ainsi... »

Quand elle entra dans la salle à manger, le marquis fut surpris de la voir en robe de chambre.

— Tiens !... je croyais que vous étiez sortie ?...

— Oui... un instant !... Je voulais prendre l'air... Mais je suis rentrée presque tout de suite... Ça ne va pas du tout ce matin !...

En enlevant la coquille de son œuf, M. de Gueldre répondit :

— Dame !... Vous ne voulez jamais voir le médecin !...

— Après le déjeuner, je l'enverrai chercher...

— C'est aussi cette neige qui vous rend malade ?...

— Comment ? — s'écria-t-elle — il neige ?...

— Depuis une demi-heure... et ça tient ferme, je vous en réponds !... J'ai eu de la peine à rentrer !...

— Ah !... il neige ! — fit Liane tristement.

— Je croyais que vous adoriez ça ?...

— Oui !... — dit-elle.

Elle adorait la neige, en effet !... Et elle pensait que l'avenue allait être toute blanche comme elle l'aimait.... et qu'elle ne la verrait pas cette fois...

En sortant de table, elle ne fit que traverser le salon.

— Je me sens très fatiguée !... Je vais m'étendre un peu sur mon lit !...

— Vous avez raison !... Ça vous fera du bien !...

Et regardant la robe de sa femme, M. de Gueldre ajouta :

— Elle est jolie, votre robe de chambre !... Vous avez l'air de vous être roulée dans la neige !...

Liane, étonnée, pensa :

« C'est tout de même drôle !... La dernière chose qu'il m'aura dite aura été une chose aimable !... »

Elle fut contente de se retrouver dans sa chambre si gaie, au milieu de ses bibelots et de ses tableaux. Mais elle s'attrista un peu en voyant les vides laissés par les niches des deux chiens. Elle eût voulu avoir près d'elle ses anciens compagnons.

Ouvrant un tiroir, elle prit les lettres de Jean et les brûla une à une, en les relisant. Il y en avait seize. Et quand ce fut fait, elle pensa :

« Vraiment !... je me demande pourquoi je les ai brûlées ?... Elles ne compromettaient personne ! »

Puis, se souvenant du jour où le vicomte s'était fâché, parce qu'elle lui avait demandé « s'il était sûr de n'être pas Normand », elle se dit :

« Et quand je lui ai demandé ça, je ne connaissais pas encore ses lettres !... »

Elle remua les cendres pour qu'il ne restât pas de traces du papier brûlé, et prit ensuite l'écrin et la fiole de morphine, restés dans le tiroir du bureau depuis le jour où le docteur était venu. Tout de suite, elle commença à se faire des piqûres, et elle absorba la morphine jusqu'à la dernière goutte, en pensant, seulement :

— Mon Dieu !... Pourvu que l'effet ne soit pas trop prompt... que j'aie le temps de tout mettre en ordre... qu'on ne s'aperçoive de rien !...

Elle enleva rapidement l'étiquette de la fiole, et, ouvrant la fenêtre, la lança à toute volée dans les pelouses neigeuses de l'avenue. Puis elle démonta le petit instrument et le nettoya avec un soin infini. Il était impossible de voir qu'il avait servi. Elle le rentra dans son écrin, et remit l'écrin au fond du tiroir qu'elle referma. Alors, il lui sembla que le bout de ses doigts devenait lourd. Bien vite elle courut s'étendre sur son lit, et quand elle fut enfin allongée, gentiment roulée dans sa robe blanche, elle murmura, « blaguant » une dernière fois :

ALLONGÉE, GENTIMENT ROULÉE DANS SA ROBE BLANCHE...

— Allons!... ça va bien !...

Puis elle s'impatienta.

Elle ne s'engourdissait pas assez tôt à son gré. L'image de Jean dansait devant ses yeux.

Elle voulut essayer de lire. Sur une petite table, à côté de son lit, étaient posés deux volumes. La petite édition des *Contes et Nouvelles*, de Maupassant, et *la Tentation de saint Antoine*, de Flaubert. M. de Gueldre prétendait en riant que depuis cinq ou six ans, elle relisait tous les soirs ces deux livres, et qu'elle savait par cœur : *Boule de suif*, *l'Héritage*, et *Mademoiselle Fifi*!... Elle savait moins bien *la Tentation* — disait-il — parce que c'est plus compliqué !

Liane allongea la main et ramena *la Tentation*. Elle choisit le chapitre qu'elle préférait : la conversation d'Hilarion et d'Antoine, et elle se mit à lire, ne sentant aucun trouble et se disant, inquiète :

« Est-ce que ça ne va pas réussir ?... »

Au bout de quelques instants, sa vue se voila un peu et son inquiétude se calma.

Mais une nouvelle crainte lui vint !

« Si on allait voir les piqûres ? »

Tout de suite, elle se rassura :

« Bah !... ils ne s'amuseront pas à me déshabiller !... »

Devant ses yeux commençaient à tourbillonner des choses étranges : de grandes fleurs !... de grands pavots gris... dont les feuilles se roulaient dans des courbes de vagues qui déferlent... Et puis, brusquement, c'étaient des vagues qui à leur tour roulaient les grands pavots... Tout cela lui paraissait éclairé par des lampes fumeuses de l'auberge d'Elven... Et, très douce, la voix de M. de Guibray demandait :

« Est-ce que ça vous contrarierait, Marquise, de me donner ce mouchoir ?... »

Et elle crut sentir sur ses bras courir les baisers de Jean !... Elle voulut se soulever et ne put faire aucun mouvement. Puis, tout à coup, une pensée traversa son esprit :

« Si ça n'était pas vrai, le mariage de Jean ?... Et elle allait mourir... mourir sans le revoir !... »

Bientôt, il lui sembla que son corps devenait infiniment léger et qu'il s'enlevait très haut dans un immense frisson. Alors elle comprit que c'était la fin, le grand repos qu'elle avait cherché. Et, résignée, elle balbutia en souriant, dans un long soupir :

— Mon Dieu !... Pas de « passionnette » là-haut, n'est-ce pas ? . . . .
. . . .

FIN

Pour paraître le 1er Août 1912, le n° 69 :

NOUVELLE COLLECTION ILLUSTRÉE
CALMANN-LÉVY

L'ouvrage complet, **95** centimes. Relié, **1** fr. **50.**

ALPHONSE ALLAIS

L'Affaire Blaireau

Illustrations de M. DUDOUYT.

NOUVELLE COLLECTION ILLUSTRÉE CALMANN-LÉVY

N° 1. PIERRE LOTI, *de l'Académie française* . . . . . **Pêcheur d'Islande.**
N° 2. ANATOLE FRANCE, *de l'Académie française* . . . **Le Crime de Sylvestre Bonnard.**
N° 3. LUDOVIC HALÉVY, *de l'Académie française* . . . **La Famille Cardinal.**
N° 4. FRANÇOIS COPPÉE, *de l'Académie française* . . . **Le Coupable.**
N° 5. JULES RENARD . . . . **Poil de Carotte.**
N° 6. RENÉ BAZIN, *de l'Académie française* . . . . . **Donatienne.**
N° 7. A. DUMAS FILS, *de l'Académie française* . . . . **La Dame aux Camélias.**
N° 8. GEORGES COURTELINE. . . . . **Boubouroche.**
N° 9. PIERRE VEBER ET WILLY. . . . . **Une Passade.**
N° 10. JULES LEMAITRE, *de l'Académie française* . . . **Les Rois.**
N° 11. ANDRÉ THEURIET, *de l'Académie française* . . . **L'Oncle Scipion.**
N° 12. ALPHONSE DAUDET. . . . . **L'Immortel.**
N° 13. PROSPER MÉRIMÉE, *de l'Académie française* . . . **Diane de Turgis.**
N° 14. GYP. . . . . **Le Mariage de Chiffon.**
N° 15. FRANÇOIS COPPÉE, *de l'Académie française* . . . **Toute une Jeunesse.**
N° 16. ABEL HERMANT . . . . **Les Grands Bourgeois.**
N° 17. HENRI DE RÉGNIER, *de l'Académie française*. . . **Les Vacances d'un jeune homme sage.**
N° 18. GEORGES COURTELINE. . . . . **Messieurs les Ronds-de-Cuir.**
N° 19. OCTAVE FEUILLET, *de l'Académie française* . . . **Le Roman d'un jeune homme pauvre.**
N° 20. MARCELLE TINAYRE . . . . **Avant l'Amour.**
N° 21. RENÉ BOYLESVE. . . . . **Le Parfum des Iles Borromées.**
N° 22. ANDRÉ THEURIET, *de l'Académie française*. . . **Amour d'Automne.**
N° 23. EDMOND DE GONCOURT . . . . **La Fille Elisa.**
N° 24. LÉON FRAPIÉ . . . . **Marcelin Gayard.**
N° 25. RENÉ BAZIN, *de l'Académie française* . . . . . **De toute son âme.**
N° 26. ALPHONSE DAUDET. . . . . **La Petite Paroisse.**
N° 27. ABEL HERMANT. . . . . **Confession d'un Enfant d'hier.**
N° 28. GEORGE SAND. . . . . **Elle et Lui.**
N° 29. MARCELLE TINAYRE . . . . **Hellé.**
N° 30. GYP. . . . . **Joies d'Amour.**
N° 31. HENRY MURGER. . . . . **Scènes de la Vie de Bohême.**
N° 32. GUSTAVE GEFFROY . . . . **L'Apprentie.**
N° 33. A. DUMAS FILS, *de l'Académie française* . . . . **Affaire Clémenceau.**
N° 34. GEORGES COURTELINE. . . . . **Le Train de 8 h. 47**
N° 35. EMILE ZOLA . . . . **Thérèse Raquin.**
N° 36. HENRY MURGER. . . . . **Le Pays Latin.**
N° 37. Comte DE VILLIERS DE L'ISLE-ADAM. . . . . . **Contes Cruels.**
N° 38. ALFRED CAPUS . . . . **Faux Départ.**
N° 39. GEORGE SAND. . . . . **Indiana.**
N° 40. RENÉ BOYLESVE. . . . . **La Becquée.**
N° 41. ABEL HERMANT . . . . **Confession d'un homme d'aujourd'hui.**
N° 42. JEAN RICHEPIN, *de l'Académie française*. . . . **Miarka, la fille à l'ourse.**
N° 43. ANDRÉ THEURIET, *de l'Académie française*. . . . **Charme Dangereux.**
N° 44. FRANÇOIS COPPÉE, *de l'Académie française*. . . . **Henriette.**
N° 45. TRISTAN BERNARD. . . . . **Amants et Voleurs.**
N° 46. LÉON FRAPIÉ . . . . **La Maternelle.**
N° 47. GEORGES D'ESPARBÈS . . . . **Les Demi-Solde.**
N° 48. ALPHONSE DAUDET. . . . . **Fromont jeune et Risler aîné.**
N° 49. FRANÇOIS COPPÉE, *de l'Académie française* . . . **Les Vrais Riches.**
N° 50. PIERRE LOTI, *de l'Académie française* . . . . . **Le Roman d'un Spahi.**
N° 51. JULES CLARETIE, *de l'Académie française* . . . . **Le Prince Zilah.**
N° 52. ALPHONSE KARR. . . . . **Sous les Tilleuls.**
N° 53. GYP. . . . . **Le Bonheur de Ginette.**
N° 54. EMILE ZOLA . . . . **Naïs Micoulin.**
N° 55. ABEL HERMANT . . . . **Les Confidences d'une biche.**
N° 56. ANATOLE FRANCE, *de l'Académie française*. . . . **Histoire Comique.**
N° 57. RUDYARD KIPLING. . . . . **La Lumière qui s'éteint.**
N° 58. HENRI LAVEDAN, *de l'Académie française*. . . . **Le Vieux Marcheur.**
N° 59. RENÉ BAZIN, *de l'Académie française* . . . . . **Le Blé qui lève.**
N° 60. EDMOND DE GONCOURT . . . . **La Faustin.**
N° 61. HENRI DE RÉGNIER, *de l'Académie française*. . . **Le Passé Vivant.**
N° 62. ANDRÉ THEURIET, *de l'Académie française* . . . **Boisfleury.**
N° 63. J.-H. ROSNY, *de l'Académie française* . . . . . **La Fauve.**
N° 64. OCTAVE FEUILLET . . . . **Histoire d'une Parisienne.**
N° 65. HENRI LAVEDAN, *de l'Académie française*. . . . **Leur Cœur.**
N° 66. EMILE ZOLA . . . . **La Conquête de Plassans.**
N° 67. PIERRE VEBER . . . . **Les Rentrées.**

www.ingramcontent.com/pod-product-compliance
Ingram Content Group UK Ltd.
Pitfield, Milton Keynes, MK11 3LW, UK
UKHW020329180726
13839UKWH00002B/607

9 782329 449630